» LE SPADE «

VOLUME 39

# UN PAESE CI VUOLE

SEDICI GRANDI ITALIANI SI RACCONTANO

*di*
*SILVIA TRUZZI*

*Prefazione di*
*MASSIMO GRAMELLINI*

LONGANESI

*Gruppo editoriale Mauri Spagnol*

*www.longanesi.it*

ISBN 978-88-304-4239-9



La data in calce alle singole interviste indica il giorno di pubblicazione su *Il Fatto Quotidiano*

## *Prefazione*

di Massimo Gramellini

Nella nutriente galleria di ritratti che state per leggere, Silvia Truzzi ha dimenticato di tratteggiare il suo. Cercherò di rimediare in modo sintetico perché Silvia, che sa essere timida quando le fa comodo, non sopporta che si parli di sé e, da ottima giornalista « di macchina » oltre che di scrittura, mi taglierebbe tutti gli aggettivi senza pietà.

Fin da ragazza ha nutrito una insana passione per le persone di legge. Dovendo scegliere tra l'andare in vacanza con una rockstar o con un giudice costituzionale, avrebbe optato per il giudice e non escludo che lo abbia addirittura fatto. Ha chiamato un suo cane Ilda, come la Boccassini. Però dubito che sarebbe stata un buon magistrato. Troppo buona d'animo, avrebbe assolto anche i rei confessi per solidarietà umana.

La sua ossessione così poco italiana per il rispetto delle regole si è trasformata nel tempo in un'attrazione per « i grandi vecchi » che ai suoi occhi, e non solo ai suoi, rappresentano l'Italia migliore. Ha voluto conoscerli e ha saputo ascoltarli. Poi li ha descritti con un amore e una cura che non significano sempre adesione totale, ma trasudano curiosità e rispetto.

Sono qualità che non si insegnano a scuola. Si imparano a casa. E Silvia lì le ha imparate, dall'esempio quotidiano di un padre, avvocato mantovano, che ha cresciuto i suoi figli nell'unico modo possibile: con l'esempio, insegnando loro a osservare le cose da un altro punto di vista, a guardare i western mettendosi nei panni degli indiani. Forse ciò che rende questo libro così diverso da una semplice sfilata di personaggi noti è la partecipazione emotiva dell'intervistatrice, che negli incontri con i suoi interlocutori saggi e perbene non smette mai di cercare quello che ha amato di più.

# UN PAESE CI VUOLE

« Un paese ci vuole, non fosse che per il gusto di andarsene via. Un paese vuol dire non essere soli, sapere che nella gente, nelle piante, nella terra c'è qualcosa di tuo, che anche quando non ci sei resta ad aspettarti. »

Cesare Pavese, *La luna e i falò*

# *Come nasce questo libro*

Antonio Padellaro mi aveva chiesto di mandargli una lista di persone da intervistare. Era l'autunno 2013, il direttore voleva iniziare una serie: l'idea era provare a capire come stava l'Italia. « Per favore, non voglio politici. Vorrei analisi politiche, ma politici no. » Cominciai a compilare l'elenco delle persone che m'interessava incontrare, perché credevo avessero qualcosa da dire, naturalmente non solo a me. Alla fine mi accorsi che quasi tutte vantavano diverse primavere sulla carta d'identità: al giornale la mia passione per le persone non più giovanissime è causa di grande ilarità. Ma mi faccio prendere in giro volentieri: uno dei molti motivi di gratitudine che mi lega al *Fatto* è proprio la possibilità che ho avuto in questi cinque anni di incontrare uomini e donne straordinari. Il direttore approvò la lista: la serie – che è ancora in corso mentre il libro va in stampa – si sarebbe chiamata « Autografi ».

Soffiava già il vento della rottamazione: la prima di un lungo elenco di parole detestabili che avrebbero invaso giornali e televisioni. Avremmo visto di peggio: supplentite, jobs act, *cool*, perfino l'inesistente « proponenza ». Questo mediocre *stil novo* mi sembrava riflettesse uno straordinario impoverimento d'idee, in generale l'assenza di una visione. Un lessico utile a distrarre, a buttare la palla fuori dal campo, a camuffare; completamente inadeguato a dare risposte tanto a una sofferenza sociale in crescita quanto alle domande di un mondo relazionale sempre più complesso. Il gioco delle tre carte della politica si chiama « comunicazione », e il fatto che i rottamatori siano definiti grandi comunicatori a me sembra una colossale scemenza. Luigi Settembrini, patriota e letterato napoletano, sosteneva che per avere una buona lingua serve un buon Paese. *Il vuoto è il pieno e il sereno è la più diffusa delle nubi*, dice Montale in un verso: il rapporto lingua-Paese si può anche leggere al contrario. E la conclusione che se ne trae non è allegra. La politica si esprime per frasi vaghe e vuote, dove per vuote s'intende incontrovertibili. « Siamo per il rinnovamento »; « Cambiamo le cose che non vanno »; « Mettiamo la scuola al centro ». Potrebbe un politico dire: « Non mettiamo la scuola al centro »? O dirsi contrario al rinnovamento? Il rovesciamento lo spiega benissimo Leonardo Sciascia in *Una storia semplice*. L'ex studente del professor Franzò è ormai un magistrato e, prima dell'interrogatorio, ricorda al suo insegnante i brutti voti del liceo: « Ero piuttosto debole in italiano. Ma, come vede, non è poi stato un gran guaio: sono qui, procuratore della Repubblica ». Ferocissima la risposta: « L'italiano non è l'italiano: è il ragionare. Con meno italiano, lei sarebbe forse ancora più in alto ».

Eppure nonostante l'evidentissima modestia, i nuovi governanti non si accontentano della presa del Palazzo d'Inverno. I ragazzi « col gelato » (*copyright* Diego Della Valle) manomettono la Costituzione con gran gusto: che il Parlamento sia stato delegittimato dalla Consulta non li tocca, che l'Italicum sia pericolosamente simile al Porcellum (giusto un po' peggiore) neppure. Non hanno ascoltato le parole che il senatore del Pd Walter Tocci scandì in Aula ai signori del precedente governo, quello di *#enricostaisereno*, citando il nuovo articolo 81 della Carta sul pareggio di bilancio: « La bella lingua italiana, con le parole semplici e intense dei padri costituenti, viene improvvisamente interrotta da un lessico nevrotico e tecnicistico, scandito dai rinvii a commi come in un regolamento di condominio. Sono queste le parti aggiunte da noi ». Forse è un paradosso, ma proprio l'insofferenza alle critiche di Matteo Renzi (le sue battute su « professoroni », « soloni », « gufi » che tanto ricordano il « culturame » di Mario Scelba), l'ossessivo richiamo alla gioventù, alla novità, al cambiamento purchessia hanno dato un'ulteriore chiave di lettura a queste interviste. Ci ho messo molti anni a diventare giovane, ha detto una volta

Bob Dylan. Vale anche per i sedici italiani che incontrerete: freschezza, vivacità, originalità, voglia di combattere e persino anticonformismo non sono qualità che riguardino l'anagrafe. Magari la cultura sì: conoscere è un desiderio che ha bisogno di tempo e rigore.

I quarantenni sono stati sedotti da un patto generazionale, una promessa di felicità che si può sintetizzare con lo slogan – uno dei tanti – « ora tocca a noi ». Il dubbio di non essere all'altezza non li ha sfiorati. Il successo sembra ridursi alla staffetta: l'operazione pare in qualche modo rivoluzionaria in un Paese che non ha mai conosciuto epurazioni. La classe dirigente del Fascismo è sopravvissuta pressoché indenne alla caduta del regime, e quando la guerra è finita abbiamo semplicemente fatto finta di averla vinta. Pure il Ventennio ha subito la sua rilettura di comodo: la colpa è del Duce e del Re, gli italiani non c'erano o, nel caso, dormivano. Nei libri di scuola si legge che nel '31 Mussolini obbligò i professori universitari a giurare fedeltà al regime e si ricordano i dodici che fecero il gran rifiuto: solo che i professori universitari quell'anno in Italia erano 1848. In questi numeri sta la mistificazione della Storia. E forse vi si trova anche la ragione di un'amnesia che è diventata un'amnistia e che, travalicando le soglie dei tribunali, è arrivata nelle coscienze. Allo stesso modo vent'anni fa, scavallata Tangentopoli, la classe dirigente italiana ha semplicemente ripreso da dove aveva smesso all'arrivo della slavina giudiziaria. Oggi l'unico, vero, merito di Matteo Renzi è aver rotto la catena delle cooptazioni, aver capito che non doveva chiedere il permesso a padri e nonni per prendere il potere: semplicemente doveva fare quello che serviva per raggiungere lo scopo. Certo, per restare saldo sulla poltrona appena conquistata, non ha trovato di meglio che firmare un patto segreto – il famigerato « Nazareno » – con un anziano leader politico al tramonto, pregiudicato per frode fiscale, ossessionato dai destini futuri della molta « roba » accumulata negli anni.

È il bluff della rivoluzione renziana ad aver reso, ai miei occhi, queste conversazioni così rilevanti. Alberto Arbasino si prendeva gioco dei venerati maestri (cogliendo un altro tratto tipicamente italico, l'adulazione), ma in queste pagine sedici giovani italiani coi capelli bianchi raccontano se stessi e il Paese, perché un Paese ci vuole. E parlano di quel che ci manca, di quel che abbiamo perso. Non è questione di saggezza, assai più dell'aver coltivato strumenti, dell'avere studiato: ma oggi sapere non vale niente. È un tracollo senza nemmeno l'« allegria di naufragi » e lo si può descrivere da cento punti di vista, contando mille piccole e grandi sparizioni: la lingua assassinata di cui Pietro Citati parla con trasporto nella sua intervista; la dignità di gente che « si sputtana per i cioccolatini e i boxer tipo i consiglieri regionali » (Massimo Fini); persino il Salotto di Nonna Speranza di una certa borghesia reazionaria sembra averci lasciato le penne, senza far posto a null'altro. Sentite Claudio Magris: « Oggi la società italiana è una pappa gelatinosa, una specie di *Lumpenbourgeoisie*, di borghesia intellettualmente pezzente anche quando è benestante, che non ha nulla a che vedere con la borghesia classica (...) Non c'è più nemmeno quel modo benpensante, che era comunque l'omaggio del vizio alla virtù ». La politica pure, ovviamente, è trapassata da tempo: « I governi non decidono più dei fini », sostiene Gustavo Zagrebelsky qualche pagina avanti, « ma realizzano compiti che sono loro assegnati e a cui non possono sottrarsi ». Poteva salvarsi lo Stato? « Questo gran turbine che si porta via tutte le forme della tradizione è guidato dalla tecnica moderna (...) Il turbine travolge anche le forme statuali » (Emanuele Severino).

È stupefacente che Massimo d'Azeglio, ne *I mei ricordi*, raccontasse la neonata nazione così: « I più pericolosi nemici d'Italia non sono gli austriaci, sono gl'italiani. Per la ragione che gl'italiani hanno voluto far un'Italia nuova, e loro rimanere gl'Italiani vecchi di prima, colle dappocaggini e le miserie morali che furono *ab antico* il loro retaggio ». Giacomo Leopardi – che nasce nello stesso anno di d'Azeglio – nel *Discorso sopra lo stato presente dei costumi degl'italiani* scrive che qui manca una società stretta in cui « ciascuno fa conto degli uomini e desidera farsene stimare ». O, ancora con Magris, siamo un Paese dove nessuno perde più la faccia. Francesco Cossiga (le idee sono più importanti di chi le sostiene) amava dire che « italiani sono sempre gli altri ». Ed è un avvertimento di cui è utile tener conto, per non scivolare nel luogo comune. La stessa cosa vale per il nostalgismo, il « si stava meglio quando si stava peggio ». In queste chiacchierate ho cercato di stare lontana da entrambe le trappole, anche se i racconti dei « tempi che furono » mi hanno spesso affascinata. Alla fine mi pare che abbiamo perso proprio questo: la capacità di ascolto. E senza non ci sono testimoni da raccogliere.

Da una proposta di Stefano Mauri è nata l'idea di riunire le interviste che in questo anno sono apparse sul *Fatto* della domenica: per mettere insieme riflessioni su passato e presente, utili per il futuro. Sperando che nel frattempo l'Italia sviluppi anticorpi, non solo verso le sue malattie croniche, di cui si trova traccia nelle conversazioni degli « Autografi ». Il problema non sembra tanto essere il pensiero unico, ma la scomparsa del pensiero in favore dell'azione. Agire, ma per fare cosa? Sembra un interrogativo senza importanza. Forse ha ragione Andrea Camilleri quando dice che bisogna ricominciare dal maestro Manzi: dopotutto *Non è mai troppo tardi.*

S.T.

## *Un Paese che vive di ricatti*

## Incontri con Andrea Camilleri

Vado a trovare Andrea Camilleri una volta all'anno. L'intervista è una scusa: la verità è che mi piace da morire sentirlo raccontare. Perché – direbbe un altro siciliano «assoluto» come Pietrangelo Buttafuoco – è un grandissimo *cuntatore.* Il più grande narratore che mi sia accaduto di ascoltare. La prima cosa che fa Andrea per dare ufficialmente inizio alla conversazione è appoggiare l'accendino e un pacchetto di Multifilter rosse morbide sul tavolino: «L'altro giorno sono andato a comprare le sigarette e il tabaccaio mi ha dato quelle che 'danneggiano gravemente te e chi ti sta intorno'. Gli ho chiesto se mi poteva dare quelle che invecchiano la pelle».

Dentro quel salotto nebbioso abbiamo parlato di tantissime cose: di amici comuni, di libri, di vecchie storie, molte risalenti ai suoi anni in Rai. Mi ha raccontato della censura, sia quella politica sia quella «pudica», di Eduardo, cui tagliarono l'esclamazione «Perdio!» da una scena di *Filomena Marturano.* E di quella volta in cui venne all'orecchio della direzione generale che una ballerina, durante le prove di un programma, aveva perso il reggiseno e aveva tranquillamente continuato a ballare. A lui, poco prima dello spettacolo, toccò di andare a raccomandarsi con la signorina di fissare bene il costume di scena perché in diretta quell'incidente non si poteva ripetere. «Lei era una bellissima donna di colore che parlava francese. Si portò la mano dietro la schiena e si slacciò il reggiseno, restando a seno nudo davanti a me. Non distoglieva gli occhi dai miei. Mi disse: 'Scusi, ma perché le fanno tanta paura?' Ingoiai tutto quello che dovevo ingoiare. E risposi: 'A me non fanno nessuna paura. Anzi'. Lei si mise a ridere.» Dai pomeriggi degli ultimi tempi sono venute fuori interviste di attualità, forse perché in questi anni di confusione e decadimento l'urgenza di una politica non all'altezza risulta sempre più impellente. Credo si possa dire di Camilleri quello che lui una volta mi disse di Sciascia, in occasione del ventennale della scomparsa. « L'indipendenza intellettuale è una delle sue più importanti lezioni. Sciascia è sempre politico, è politico anche quando scrive romanzi: *Todo modo* è un romanzo politico. Erano politici i suoi romanzi, politici i suoi articoli. Lui era un uomo *naturaliter* politico. Poi c'è il momento in cui, dalla politica fatta in qualità di scrittore, diventa politico attivo perché si presenta alle elezioni (sempre come indipendente, sia nel Pci sia con i Radicali). Enrico Mattei diceva che i partiti politici gli servivano come un taxi, ci saliva sopra perché lo dovevano portare da qualche parte. Leonardo Sciascia adopera il partito allo stesso modo, solo che i suoi fini non sono utilitaristici, come per Mattei. Sono la possibilità di esprimere liberamente il proprio pensiero, senza dover condividere le opinioni dell'autista del taxi. » Anche le diagnosi di Camilleri sono impietose, chirurgiche, libere soprattutto. Mi sembra che lui non abbia mai rinunciato a esprimere un'idea, anche molto forte, anche sulle questioni spinose. Senza *metus reverentialis*, sempre con rispetto. Non ha risposto alle mie domande solo quando non ne sapeva abbastanza, mai per questioni di opportunità. Le due interviste qui di seguito sono state scritte esattamente a un anno di distanza l'una dall'altra (quindi una preesiste alla serie « Autografi », mentre l'altra ne fa parte).

La signora Rosetta apre la porta di casa sorridente. Un filo di fumo ci guida da Andrea Camilleri, al lavoro nel suo studio: è appena uscito *Come la penso*, autobiografia in forma di saggi e racconti (Chiarelettere). E da Sellerio il nuovo Montalbano, *Un covo di vipere*. Nuovo, ultimo no.

« Quando mai! L'ultimo Montalbano l'ho già scritto, quando ho compiuto ottant'anni: posso dire che il commissario non muore. E che non sposa Livia, non è tipo da matrimonio Salvo Montalbano. »

Lui no, ma Andrea Camilleri sì: quest'anno fanno cinquantasei anniversari di nozze. « Ci vuole tanta voglia di stare assieme. E tanta pazienza. »

« Ma il commissario è diventato un fedifrago cronico », proviamo a protestare.

« È perché i maschi quando sentono arrivare la vecchiezza diventano di una fragilità sentimentale incredibile. Quando l'ho detto a mia moglie, mi ha risposto: 'Spero che non sia autobiografico, Andrea'.

« C'è un modo di pensare, nell'italiano, che è ancora fascista: piace la prevaricazione, la sopraffazione. È un virus mutante, come quello dell'influenza. Si fa il vaccino e già il virus è cambiato. Noi italiani, è sgradevole dirlo, non amiamo i politici che ragionano e agiscono onestamente. Ferruccio Parri, un uomo mite, onesto, era appena stato nominato presidente del Consiglio e già tutta l'Italia lo chiamava 'Fessuccio'. Non piacciono, all'italiano, le persone dimesse: bello il luccicore delle divise, bella la parola tonante. Berlusconi no, non è un fascista. Ma ha un modo di proporsi, da gerarca, che piace molto perché è speculare a una certa mentalità italiana. I giudici scrivono:

'Anche da presidente del Consiglio gestì una colossale evasione fiscale'. In un Paese normale, questo avrebbe annullato Berlusconi; in Italia gli fa guadagnare voti.»

*Che dice delle ragazze?*

Chi è causa del suo mal pianga se stesso. Credo che anche queste storie destino l'ammirazione di tanti maschi italiani, e pure di tante femminelle che vorrebbero essere «olgettinizzate»: mettiamo sul mercato questo verbo. Tu ti porti a casa una ragazza, due, tre. E puoi passare inosservato. Ma lui se ne porta a casa trenta perché non vuole affatto passare inosservato: è scioccamente esibizionista.

*Su* MicroMega *lei ha sostenuto l'ineleggibilità di Berlusconi.*

I suoi cosiddetti avversari dicono: «Preferiamo batterlo politicamente». Solo che non ci sono mai riusciti. E dire questo, batterlo politicamente piuttosto che per vie giudiziarie, è sottilmente pericoloso. I processi se ne vanno per i fatti loro e non si tratta di battere Berlusconi, si tratta di giudicarlo per i reati che ha commesso o non commesso. Dire: preferisco sconfiggerlo politicamente significa suggerire che la giustizia sia alleata dei politici. L'unica via che hanno è quella di ricorrere a questa legge.

*Come fanno a far valere l'ineleggibilità? Il Pdl sta al governo con il Pd...*

Io non faccio parte del Pd: se la vedano loro, che si sono consegnati mani e piedi a Berlusconi. Secondo me andrebbe rispettata la legge.

*Cadrebbe il governo.*

Non so se a Berlusconi converrebbe far cadere il governo, l'Italia è in una situazione difficilissima. Ma me lo faccia dire: come cittadino sono stanco dei ricatti. L'Italia è diventata un Paese che vive di ricatti. E non riguarda solo Berlusconi. Il ricatto lo fa Marchionne, lo fanno i Riva a Taranto. Ormai siamo condizionati dai ricattatori.

*Lei ha la stessa età del presidente Napolitano.*

Sì, siamo del '25 tutti e due: la rielezione non era cosa. Aveva fatto bene quando aveva detto: « Me ne vado e buonasera ». Il secondo mandato è stato un errore, sia per chi l'ha proposto sia per chi ha accettato.

*Un passaggio strano per i modi, quasi da Repubblica presidenziale.*

Da quel momento tutto il fatto costituzionale è andato a vacca. C'è stato un allentamento delle briglie costituzionali, tanto valeva – a lume di logica e di naso e di buon senso – fare un governo del presidente. È stato più grave l'intervento sui partiti del capo dello stato. Una sorta d'invasione di campo, un fatto non da repubblica parlamentare. Bisogna rispettare la Costituzione: non devo essere io a dirlo, dovrebbe essere il presidente Napolitano. Il secondo mandato non è proibito, ma non è un caso che non sia mai successo. Di solito, poi, uno non arriva a fare il capo dello Stato a quarant'anni: due mandati fanno quattordici anni e te ne vai a cinquantaquattro. Qui te ne vai a novantacinque.

*Non un bel segno non aver trovato un'alternativa.*

Appena sentii che i Cinque Stelle proponevano Rodotà, feci un balzo di gioia. Dissi a mia moglie: « Che meraviglia, ora agguantano al volo questa liana sospesa, come Tarzan. Ed è fatta ». Quando mai... e sono riusciti a far fare quella figura a Prodi, Dio mio. L'alternativa c'era, era Rodotà. Cosa ostava a Rodotà?

*Loro hanno detto che non ha telefonato...*

Queste cose io a sei anni le facevo. « Eh, no, perché non mi ha dato la caramella. » M'ha telefonato, non m'ha telefonato: non possono essere ragioni valide per la politica. Sono ragioni infantili, piccole scuse. Se ne possono trovare di migliori.

*Tre anni fa in un'intervista al* Fatto, *disse: « Il Pd va verso il suicidio, avrebbe bisogno di una seduta psicanalitica collettiva ». Quasi profetico.*

Devo ammettere, ahimè, che in queste ultime elezioni ho suggerito di votare Pd. Ho aderito a un invito di Alberto Asor Rosa. Lui temeva che un Pd debole fosse costretto ad allearsi con Monti: si pensava che Monti avrebbe avuto un successo maggiore. E l'idea di Asor Rosa era portare il Pd a un'alleanza con Sel, invece che con Monti. Sbagliammo i calcoli, entrambi. Tutto potevamo prevedere, tranne le estrosità di Pier Luigi Bersani.

*Estrosità?*

Eh, chiamiamole così. Dissi quel fatto della psicanalisi per via delle due anime del Pd: una cattolica e una ex comunista. Invece la cosa è risultata ancora più complessa: la lunga convivenza tra queste due anime ha fatto sì che invece di essere una bianca e una nera, diventassero tutte e due grigie. Creando situazioni psicanalitiche ancora più oscure. Ora, onestamente, siamo più da psichiatria che da psicanalisi.

*Che fine farà il Pd?*

Sparisce. O si raccoglie attorno agli oppositori interni, come Civati.

*Epifani?*

Una toppa.

*In questi giorni arrivano dalla sua Sicilia notizie del processo sulla trattativa Stato-mafia. Che idea si è fatto di questa storia?*

Dunque: uomini dello stato e mafiosi sono accusati di avere trattato insieme. Tu puoi ipotizzare che le prime trattative si svolsero con Totò Riina. Puoi pensare che un capomafia come lui vede sedersi davanti a sé un colonnello dei Carabinieri e non gli chiede le commendatizie?

*Cosa sono?*

Chi c'è dietro, chi ti manda. Da questa parte abbiamo un capomafia di grande potere e grande forza, dall'altra un semplice colonnello dei Carabinieri. È chiaro che mai lo avrebbe ricevuto se questo colonnello dei Carabinieri non gli avesse portato le credenziali. Cioè a dire: dietro di me c'è questo e quest'altro ministro. E te ne do anche la prova. Oggi due ministri sono accusati di falsa testimonianza: è cosa da poco, uno scherzetto. Il generale Mori non ha mai detto chi lo mandò, ma è chiaro che non andò da solo. Nemmeno l'avrebbero fatto entrare. Nella seconda fase della trattativa intervenne Provenzano, con l'eliminazione di Riina: era indispensabile levarlo di mezzo, per poter trattare seriamente, perché le pretese di Riina erano eccessive. Dopodiché un ex ministro viene a dire: « Ho allentato il 41 bis di mia spontanea volontà, decidendo da solo ». E va bene, allora. Questo processo ci viene a raccontare solo la mezza messa, come si usa dire dalle mie parti. La vera messa forse era nell'agenda di Borsellino.

*Non sapremo mai la verità?*

Ma quando mai abbiamo saputo la verità sulle cose italiane! Pensiamo alle stragi: Bologna, piazza Fontana, l'Italicus. In Italia esistono solo i servizi deviati, quelli non deviati no. Tutto il casino, tra il Colle e la Procura di Palermo, sta a dimostrare, così a fiuto, che la cosa è talmente grossa che hanno paura di uno sconvolgimento istituzionale, se la verità venisse a galla.

*Possibile che non abbiamo anticorpi verso tutto questo?*

Prendiamo l'informazione. I giornali degli anni Cinquanta parlavano chiaro: c'erano polemiche anche forti, ma l'informazione era esaustiva, non parziale come ora. A quei tempi noi ci esercitavamo nella libertà, non l'avevamo avuta per tanto tempo. Le tribune politiche si svolgevano di fronte a trenta giornalisti, liberissimi di fare tutte le domande che volevano al politico di turno. Le domande non erano concordate prima, le domande erano a levare la pelle. Oggi è tutto concordato e i giornalisti scelti a seconda della convenienza. Ho sentito un giorno un cronista chiedere a Tony Blair: «Lo sa che lei ha le mani sporche di sangue?» E lui, dopo un momento di esitazione, si è messo a rispondere. Provate a rivolgere una domanda di questa violenza a un politico italiano. Non è più possibile, negli anni Cinquanta era possibile.

*Vale anche per la produzione culturale?*

Il fervore di quei primi anni del Dopoguerra era dovuto al fatto che il mondo si apriva davanti a noi. E tutto quello che ci era stato negato – i grandi scrittori americani, i musicisti, i pittori, i francesi, gli inglesi – provocava un desiderio di linfa culturale e vitale. Tu ne eri così pieno che avevi la voglia di restituirla. Poi c'è stata una sorta di saturazione. E quando arrivò la Democrazia cristiana con la censura, fu in un certo senso stimolante: ti ribellavi alla censura.

*Ogni censura trova il suo antidoto, si dice.*

Ma certo. Mi ricordo quando Andreotti proibì *L'Arialda* con la regia di Luchino Visconti e successero macelli. Questo ci teneva svegli. Ora c'è un assopimento, un andazzo, senza più un vero scontro culturale.

*Non è che abbiamo meno strumenti intellettuali?*

Le persone si sono disabituate. Ormai tutti sono dei seguaci delle fabbriche del credere. La fabbrica del credere numero uno è la televisione: quello che dice la televisione è Vangelo.

*Internet è una contromisura?*

Assolutamente. Se ci fossero state solo le tv senza Internet non avremmo avuto le primavere arabe, non sarebbero state possibili senza comunicazione diretta, non mediata. La comunicazione mediata è velenosa, è contraffatta.

*Di mezzo ci sono i media, appunto.*

E le proprietà: un giornale come il *Fatto*, se dovesse dipendere da un proprietario, sarebbe così libero di scrivere quello che scrive? Non credo. Quando c'era un solo canale in televisione, il colonnello Bernacca leggeva le previsioni del tempo. E diceva: «Domenica potete fare tutti una bellissima gita, perché splenderà il sole». E la domenica veniva una pioggia fottuta. O viceversa. Io avevo un compare, Peppe Fiorentino, il quale sentiva le previsioni di Bernacca e diceva: «O po sì o po no 'u paracqua m'u porto». E allora dico: quando guardate la televisione, portatevi appresso il paracqua. Cioè a dire: apritelo, in modo che il cervello non vi si bagni e voi possiate ragionare di testa vostra; altrimenti la tv v'inonda. Ma è un esercizio difficile, anche perché si dice che la Rai offre la possibilità di avere tre canali, di cui il terzo è quello più di sinistra. Ma dove? Come segnale stradale? A momenti ho sentito più elogi di Berlusconi sul Tg3 che sul Tg1. Dov'è tutta questa differenza? Ai miei tempi c'era.

*Questo dipende dal fatto che anche i partiti si sono omologati?*

Mi rifiuto di chiamare «politica» quello che vedo e sento in questi ultimi tempi. Politica oggi è sinonimo di corruzione. Vogliamo dissentire? Dopo Mani Pulite sembrava chissà che cosa, invece siamo ridotti peggio di prima. Ed è del tutto trasversale. Una volta almeno Berlinguer poteva permettersi di teorizzare la diversità, ora il signor Penati mi pare che appartenga al Pd. L'Italia dei Valori te la raccomando. Alla gente comune, che dice «sono tutti ladri» non gli puoi dare torto. Perfino i consiglieri regionali e comunali rubano. Allora perché io lo devo chiamare «uomo politico»? Lo chiamo ladro, perché quelli che rubano sono i ladri.

*Una politica che cambia casacca nel giro di ventiquattro ore è politica?*

In Sicilia si dice: «'U porco pa' coda e l'omo pe' a palora». Il porco si riconosce perché ha la coda a tortiglione. E l'uomo si riconosce per la parola data. Dicono: «Non faremo mai il governo con Berlusconi», allora i cittadini li votano. Dopo un giorno, fanno il governo con Berlusconi. Tu non sei un uomo politico, sei un truffatore. Perché dovremmo avere fiducia in una corporazione che non fa altro che difendersi?

*A cosa pensa?*

Do un esempio, incontrovertibile. La Camera nega l'autorizzazione a procedere per Cosentino. Appena lui decade, se ne va in galera. Allora, io ho fiducia nella politica. Non ho fiducia in questa cosa oscena che ci spacciano per politica.

*I partiti sono la vera antipolitica?*

Non c'è dubbio. Sono la negazione della politica. Dicono che in politica tutto è possibile. Non è vero. In politica sono possibili più cose, ma non « tutto ». Altrimenti è un bordello, non politica. La politica è un patto che va continuamente rispettato tra gli elettori e coloro che vengono votati per rappresentare i cittadini. Ma è tradito dal fatto che questa legge elettorale fa sì che l'uomo politico non rappresenti un cazzo, perché è stato nominato dalle segreterie dei partiti e non votato. L'uomo politico, se lo possiamo chiamare così, è sempre più negato ai suoi doveri. Non solo: proprio questo porta a non rispettare le regole interne, vedi i centouno che votano contro Prodi.

*Che pensa di Grillo?*

Non so che pensarne. Una volta dissi: probabilmente i suoi grillini sono migliori di lui, più concreti. Lui è un capopopolo, un trascina folle. Poi, quando si arriva al concreto della politica, probabilmente lì in mezzo c'è qualcuno che è capace di fare la buona politica: hanno voglia di fare l'interesse dell'Italia. Non sono ridotti come la stragrande maggioranza dei politici italiani a fare il proprio interesse, o quello del partito.

*Oltre i Cinque Stelle?*

La Boldrini è una donna che si è occupata di profughi e rifugiati. Ebbene, ha accettato la candidatura di Sel e alla Camera ha tenuto un discorso estremamente politico, anzi di bella politica. Finalmente.

*C'è un'ondata di rivalutazioni della Prima repubblica. Lei ne ha nostalgia?*

Ma per carità! La Prima repubblica è stata una prova generale andata male. La Seconda non è andata meglio, la Terza sta andando peggio. Però non mi va di essere pessimista: gli elementi buoni a un certo punto si stancheranno di starsene tranquilli. Mi ricordo una frase bellissima di Alberto Savinio. Dicevano: « Dio riconoscerà i suoi ». E Alberto Savinio chiosava: « A fiuto », perché una volta i cattolici non si lavavano per non commettere peccato mortale toccandosi le parti intime. Ecco, quelli giusti si riconosceranno a fiuto, indipendentemente dal partito cui appartengono.

*Una rivoluzione?*

Fino a oggi il popolo italiano ha dimostrato una pazienza e una resistenza psicologica notevoli. Basta pensare alla disoccupazione dilagante, alla difficoltà delle famiglie.

*La politica, compreso il governo tecnico, ha dimostrato un sostanziale disinteresse verso il disagio sociale.*

Questi qui vivono in un ventre di balena! Non hanno nessun contatto con la gente, perché non sono stati eletti. Il papa tedesco è stato allevato sempre dentro la Chiesa, questo nuovo ci fa un'enorme impressione perché la sua origine è in mezzo ai poveri. Anche se pure lui... Va benissimo ricordare don Puglisi, ma si è ben guardato dal ricordare don Gallo. Quello sì che rompeva veramente i cabasisi... E così il Pd ha cominciato a morire quando ha perso il contatto con la base, con i lavoratori. Ma perché il Pd dovrebbe occuparsi dei lavoratori?

*Forse perché è un partito di sinistra?*

S'illude, cara. Di lavoro si occupa Sel, se ne occupa Landini. Che infatti ormai sembra un marziano.

*2 giugno 2013*

All'inizio del *De senectute* Cicerone giustamente fa notare che: «Tutti desiderano raggiungere la vecchiaia e quando ci arrivano se ne lamentano». In *Segnali di fumo*, da poco in libreria per Utet, Andrea Camilleri questa età la racconta con una metafora: «In gioventù percepisci il tempo come un'entità astratta, nella maturità acquisti la nozione di un tempo in qualche modo collegato concretamente al tuo esistere, nella vecchiaia... Nella vecchiaia raggiungi la consapevolezza che il tempo è un flusso continuo che scorre al di fuori di te. Pare deprimente? Allora mettiamola così: il tempo è una giostra sempre in funzione. Tu sali su un cavalluccio o un'automobilina, fai un bel po' di giri, poi con le buone o con le cattive ti fanno scendere».

Lo scrittore è appena diventato bisnonno e il rammarico è che «con questa creatura, data la mia età avanzata, non farò a tempo nemmeno a comunicare nei modi più elementari. Ci saremo solo sfiorati». Non è il tipo da lamentarsi, il papà del commissario di Vigata. Ma qualche cruccio lo angustia: la difficoltà di tornare spesso, come capitava una volta, nell'amatissima Sicilia. E poi lo sforzo, sempre maggiore, che gli costa scrivere perché gli occhi lo tradiscono. Anche se è appena uscito *La piramide di fango*, il nuovo Montalbano con Sellerio, «faccio molta, moltissima fatica».

«Ho scritto *La piramide di fango* un anno e mezzo fa, prima di farlo stampare l'ho rivisto, come faccio sempre: era proprio il giorno in cui scoppiava lo scandalo dell'Expo. Il mio libro si basa su scandali vecchi: quante volte leggi di opere pubbliche che crollano inspiegabilmente o troppo spiegabilmente perché i materiali adoperati erano scadenti? Basta pensare al terremoto dell'Aquila. Montalbano non aveva mai indagato sui rapporti tra mafia, politica, opere pubbliche. E così m'è venuto in mente di scrivere un libro tutto basato su queste dinamiche. Poi, siccome la cosa mi metteva in sé di malumore, chissà perché, il paesaggio è cambiato: una Sicilia piena di fango, dove piove continuamente. Un giorno, se ci arrivo a tempo, scriverò un Montalbano e la politica. Ci sono stati, a Vigata, politici mascalzoni in questi anni. Ma sempre sullo sfondo.»

*In queste conversazioni domenicali ci siamo chiesti come sta l'Italia.*

La febbre è alta. Siamo in un momento di decadenza: la crisi della politica rappresenta la crisi della società. La politica è uno specchio: riflette ciò che siamo noi. Gli intellettuali possono essere anticorpi alla crisi finché hanno credito. Fino a quando c'è stata una società in ascolto della cultura, le parole di un Pasolini o di un Moravia arrivavano. Ma oggi chi li potrebbe ascoltare? A chi si rivolgono gli intellettuali? A poche migliaia di persone che non sono quantitativamente significative. Rimango stordito dalle cifre sull'analfabetismo di ritorno: venti milioni di italiani non capiscono quello che leggono. Ma che stiamo a parlare di intellettuali? Bisogna ricominciare col maestro Manzi, che insegnava a leggere e scrivere in televisione. Questa nostra epoca non dà alcun valore al sapere. Abbiamo ministri che arrivano e ti dicono «con la cultura non si mangia», anche se è una sciocchezza. Però lo dicono, intanto.

*In* Segnali di fumo *parla di Dino Campana, che s'improvvisava venditore itinerante di poesie.*

L'ha raccontato Ardengo Soffici: vendeva i *Canti Orfici* per strada. Ma quando ti guardava in faccia, decideva se tu eri degno o no di quella poesia. Se non lo eri, strappava la pagina. A un tale, che non osò ribellarsi, lasciò solo la copertina. Era un uomo che incuteva un certo timore. Oggi non venderebbe nemmeno le copertine: la gente a sentir parlare di poesia si volta dall'altra parte.

*Non sono più tempi di buone letture?*

Le racconto una storia. Nel 1942 vinsi i *ludi juveniles* e andai a Firenze, dove si teneva il convegno internazionale della gioventù fascista, a cui partecipavano ragazzi di tutte le nazioni conquistate dai tedeschi. Il tema di quell'anno era « L'Europa di domani ». Parlò Baldur von Schirach, il capo della Hitler-Jugend, delineando nel discorso la sua Europa futura. Noi avevamo la traduzione simultanea, via via che ascoltavo mi sentivo raggelare. Era come se disegnasse una caserma, con un solo libro, il *Mein Kampf*, e una lotta spietata a tutta quella che era la cultura diversa. Già allora io avevo le mie piccole patrie letterarie, Gogol' in Russia, Gide in Francia... mi sentivo morire. Pensai: se si realizza quest'Europa mi sparo. Tornato a casa continuai a riflettere, e cominciai a non essere più fascista. Non potevo parlarne con nessuno, allora era pericoloso fidarsi. Dopo sei mesi avevo capito cos'era il fascismo, mi aiutarono tantissimo le buone letture.

*È allora che è diventato comunista?*

A Firenze ebbi un incidente con il ministro della Cultura popolare, Alessandro Pavolini. Il convegno era al Teatro comunale, pienissimo. Avevo stretto amicizia con una ragazza ungherese: pensi che ci parlavamo in latino, visto che nessuno conosceva la lingua dell'altro. Comunque sul palco c'era un'enorme bandiera nazista: io ero seduto in platea, avevo accanto a me Gaspare Giudice e Luigi Giglia. Mi alzai in piedi e chiesi di mettere la nostra bandiera: « Qui siamo in Italia ». Non sapevo – l'avrei scoperto dopo – di aver suscitato un applauso muto da parte di tutti i ragazzi non tedeschi. Si chiuse il sipario e alla riapertura c'erano entrambi i vessilli; quello tedesco e quello italiano. Pavolini, mentre usciva, mi fece cenno di seguirlo nella hall. Senza dire una parola, si girò di scatto e mi diede un violentissimo calcio nel bassoventre con quei suoi stivali schifosi da fascista. Caddi a terra, senza riuscire più a muovermi. Lì nella hall c'era un giovane che aveva assistito alla scena: mi portarono subito all'ospedale, non camminavo dal dolore. Ma Luigi Giglia avvisò il prefetto di Firenze, che sapeva essere amico di mio padre. Due ore dopo il prefetto mi venne a prendere di persona e mi portò in una clinica, temendo che i fascisti tornassero a colpire. Sono diventato comunista con un calcio nei coglioni.

*In questa raccolta di corsivi, lei scrive: « Credere che la giovane età di un uomo politico sia già di per sé portatrice d'idee innovative a me pare, sinceramente, un'avventatezza ».*

Sbandierare la carta d'identità è una sciocchezza. È chiaro, un politico giovane che abbia idee attuabili è un dono di Dio. Ma l'enfasi è ridicola, come per la festa della donna. Mi volete spiegare perché si stabilisce un giorno per festeggiare le donne? È una cosa così cretina, continua a fare un « a parte » delle donne. Allora mi vanno bene politici vecchi o politici giovani, purché abbiano buone proposte.

*Matteo Renzi in quale categoria rientra?*

Non so perché non riesco ad amarlo, non riesco ad averlo simpatico. In questo libro dico che la simpatia e l'antipatia non sono categorie politiche, perciò capisco che mi sto dando la zappa sui piedi. Mi sembra però che la fretta di fare queste riforme sia una pessima consigliera. Le riforme, soprattutto quelle costituzionali, vanno condivise e meditate. Il fatto che le abbia condivise con Berlusconi non mi basta, anzi. E aggiungo: temo il momento in cui metterà mano alla giustizia. Finché si danno ottanta euro e ci sono difficoltà a trovare le coperture è un conto. Ma quando si vuol metter mano alla giustizia, i guasti sono potenzialmente incalcolabili: poi sarà difficile riparare.

*Loro dicono: sono decenni che si parla senza concludere nulla.*

Siamo perfettamente d'accordo. Ogni volta si sente dire: « Non c'è bisogno di nuove regole, basta applicare quelle che ci sono ». Allora io dico: non c'è bisogno di una riforma della giustizia, basta farla funzionare la giustizia. La cosa indegna sono i tempi dei processi, inaccettabili. Bisogna accelerare i gradi di giudizio: questa è la riforma. In modo serio, non con quelle sciocchezze tipo il « processo breve » o il « processo lungo ». Semplicemente assicurando le risorse umane e materiali.

*La parola « riforme » è diventata un mantra. Anzi una bandierina da sventolare, buona per ogni situazione.*

C'è stato un governo, si chiamava Monti, che ha fatto la riforma del lavoro. E ora che capita? Che si cerca disperatamente di fare la riforma della riforma. È successo anche con la riforma del Titolo V della Costituzione.

*Quando mettono mano alla Carta – l'ultimo esempio è il pareggio di bilancio – fanno danni.*

Si ricorda? C'è stato anche il periodo in cui andavano molto di moda il federalismo, la *devolution*: ai politici piace riempirsi la bocca con le parole inglesi... Io non so se la nostra Costituzione sia la più bella del mondo o la più brutta. So semplicemente che, soprattutto la prima parte, è il risultato di un delicato e felice equilibrio raggiunto tra varie forze politiche. Gente che il proprio mestiere lo sapeva fare. È molto interessante leggere i lavori preparatori e capire da quali posizioni muoveva Togliatti, da quali De Gasperi e così via. Scoprire come e perché si è arrivati alle formule definitive. È stato il tentativo riuscito di raggiungere un equilibrio, tramite il dialogo. Io penso alla Costituzione come a una bellissima, vecchia casa. Se tu vuoi cambiare le finestre, magari è capace che si danneggiano i cornicioni o il tetto. Manovrare con estrema delicatezza. Aggiungo: con la maggiore partecipazione possibile, per un'assunzione di responsabilità collettiva.

*Lei ha parlato dei lavori preparatori e delle diverse posizioni. Posizioni – quelle dei socialisti, dei liberali, dei comunisti o dei democristiani – che esprimevano una certa idea di società.*

Allora li favoriva il fatto che anche la Dc, come il Pci e in parte anche il Psi, ce l'aveva un'idea di società. Il problema ora è che non esiste un'idea di società. Io non riesco a capire il Pd verso dove si muove, perché. Esempio: il Senato, nel disegno dell'architettura costituzionale, è un elemento di equilibrio. Garantisce un controbilanciamento di poteri e controlli. Come si può pensare di abolirlo? Se in una società si levano i controllori che succede? Anche se, quando ci sono, vanno spesso in galera: basta vedere i giornali di queste settimane.

*Si riferisce agli scandali Mose, Expo e Guardia di finanza?*

La corruzione mi spaventa perché si è diffusa come un'epidemia inarrestabile. È inutile che ci stiano a ripetere che gli stranieri non investono in Italia. Gli stranieri per investire in Italia dovrebbero fare come si faceva una volta con certi Stati arabi, che si arrivava lì con le mazzette predisposte e si faceva l'investimento.

*C'è un grande dibattito su Expo. A un certo punto si è sostenuto anche che l'azienda dell'imprenditore inquisito dovesse proseguire i lavori, per garantire la riuscita dell'evento. Come se lo Stato dicesse: anche se rubi, puoi lavorare lo stesso.*

Prima parlavamo di un'idea di società. Vogliamo parlare di un'idea di Stato? Che messaggio è dire: continua pure a rubare con moderazione, magari senza farti beccare perché i lavori devono andare avanti. È uno Stato biscazziere: un mio conoscente si sta letteralmente rovinando con quelle slot machine così tanto favorite dallo Stato italiano. Uno Stato privo di qualunque idea di morale.

*Morale è diventata una brutta parola: se uno ti vuole offendere ti dà del moralista.*

Ma perché poi? La morale è una regola di vita, non un'astrazione. Se morale è diventata una parola offensiva, una parola cattiva, allora abbiamo toccato il fondo. Poi i politici si lamentano della distanza dei cittadini e dell'astensionismo!

*A proposito di morale, in questa campagna elettorale Berlinguer è stato evocato un po' da tutti. O forse dovremmo dire che in troppi hanno cercato di appropriarsi di lui?*

Berlinguer teorizzava una differenza tra i comunisti e gli altri partiti. Oggi è una distinzione che non ha più senso, intanto perché i comunisti non esistono. E poi perché in buona parte sono tutti uguali. Certamente nessuno è comunista nel Pd, nessuno tra loro lo può citare. Forse sta meglio sulle labbra di Grillo che non su quelle di Renzi. Poi ho l'impressione che Berlinguer sia un rimpianto, che sia diventato il simbolo dell'aspirazione a un'idea del mondo dura e rocciosa. Berlinguer non aveva un carattere facile; disse che: « Quando si chiedono sacrifici alla gente che lavora ci vuole un grande consenso, una grande credibilità politica e la capacità di colpire esosi e intollerabili privilegi. Se questi elementi non ci sono, l'operazione non può riuscire». Dunque la ricetta per cominciare a uscire dalla crisi era stata già scritta trent'anni prima. Solo che al governo mancava tutto: il consenso, la credibilità, la capacità di colpire i privilegi.

*Che pensa dell'esito delle elezioni europee?*

Temevo di peggio. Temevo che i movimenti decisamente antieuropeisti sfondassero. Anche se ci è bastato quel che è successo in Francia e in Inghilterra... è il risultato di una politica economica bovina, che ha finito per favorire esclusivamente una nazione in Europa. E siccome questa politica si vede – è pane che si mangia o non si mangia tutti i giorni – si è creato un malcontento diffuso molto forte. Avevo dichiarato che avrei votato la lista Tsipras, però non l'ho fatto. Stavo male, ho fatto un tentativo di mettermi in macchina, ma sono tornato a casa. La crocetta non ce l'ho messa, ma è come se l'avessi fatto. Perché penso che si possa ripensare un'Europa non solo basata sulla dittatura delle cifre, tipo tre per cento di rapporto deficit-Pil.

*L'economia domina la politica da molti anni ormai.*

Questo è stato l'errore fatale. A quanto pare sono testardi perché ripropongono ancora Juncker: allora hanno ragione gli inglesi a dire: «Se c'è lui, noi ce ne andiamo». Avere ridotto la Grecia, che aveva le sue responsabilità, a questa condizione di miseria è il segno evidente che noi stiamo uccidendo le radici della nostra cultura. È stato un matricidio e un parricidio. A livello simbolico è peggio di un atto terroristico, in nome dell'economia. Tra l'altro a questi signori che si occupano solo di numeri e non d'idee, vorrei dire che il signor Pitagora era originario di quelle parti.

*L'esito elettorale ha rafforzato la leadership di Renzi. Però erano le elezioni europee e non ci sono nuove maggioranze. Eppure tutti si comportano con il segretario del Pd come se avesse una maggioranza assoluta in Parlamento e un governo monocolore. Quasi fosse l'incoronazione dopo un plebiscito. Adorazione del potere?*

Flaiano diceva, non a caso, che l'italiano è sempre pronto a saltare sul carro del vincitore. Fortunatamente qualche volta qualcuno salta anche sul carro dei perdenti. Spero che Renzi abbia equilibrio e l'intelligenza di capire il Paese. L'Italia è un continuo infiammarsi di entusiasmi irrazionali che durano non dico l'*espace d'un matin*, ma poco di più. La cosa che non auguravo a Berlusconi era la disillusione degli italiani. Ed è quello che adesso non auguro a Matteo Renzi. Lui ha la sensazione di un grosso seguito, ma è un consenso virtuale. Io ho vissuto troppo. Ricordo benissimo la famosa adunata di Mussolini a Milano – si avvicinava l'epilogo della Repubblica di Salò – con la folla in delirio. E pochi mesi dopo pendeva dal distributore di benzina di piazzale Loreto. Tra l'altro, quando il Duce si affacciava dal balcone di piazza Venezia per arringare le folle, davanti aveva il palazzo delle assicurazioni e a destra una piazzetta piccolissima: ho scoperto non molto tempo fa che si chiama piazzetta Loreto. L'ha avuta davanti per vent'anni, per vent'anni aveva lì sotto la sua morte.

*Berlusconi ha dominato per un ventennio, però.*

Sono stati decisivi altri fattori, credo. Nel libro dico che da quando è sceso in campo, Berlusconi ha corrotto non solo minorenni, ma anche maggiorenni, adulti e anziani. In definitiva ha corrotto l'Italia.

*E Grillo?*

A me non piace, l'ho detto più volte e ne sono sempre convinto. Però con lui ci sono delle persone che vengono fuori piuttosto bene. Come Di Maio, che è davvero bravo. E allora mi auguro che anche i suoi amministratori crescano bene. Sulle questioni nazionali Grillo è andato bene, alle europee era fisiologico che perdesse un po' di voti. Nella tornata delle amministrative però ha preso delle città importanti, come Livorno: non vorrei essere nei panni dei dirigenti del Pd di Livorno. Altro che Maalox...

*È strano che l'impoverimento del ceto medio, la disoccupazione dilagante non abbiano prodotto una maggiore tensione sociale.*

Renzi deve ringraziare che le persone soffrono, che hanno paura. Senza questa paura la tensione sociale sarebbe sfociata in qualcosa di serio da tempo. Il rischio c'è sempre, anche se mi pare di vedere gli italiani in uno stato catatonico. Grillo non è lontano dalla verità quando dice di aver indirizzato una protesta che poteva essere violenta. La gente è impaurita e rassegnata. Ma quando non si ha più nulla, alla rassegnazione subentra qualche altra cosa. Spero che Renzi – che corre tanto – arrivi prima che la rassegnazione si trasformi in rabbia.

*Le disuguaglianze sociali sono sempre maggiori. Ma la correzione di questo divario non è da tempo una priorità della sinistra.*

Non è più un valore e te ne accorgi. Ai miei tempi si sarebbe pensato a chi non ha il lavoro e dunque non ha nulla, non a chi ha il lavoro con poco reddito. Questa è una spia dell'idea di società di cui parlavamo prima. Gli ottanta euro vengono dati a gente che guadagna già. Agli incapienti, come si usa dire, si provvederà in un secondo momento. Invece era la prima cosa da fare. Renzi è più un uomo di equilibrato centro che un uomo di sinistra. Rimproveravamo D'Alema: « Di' qualcosa di sinistra... » Ma di certo l'attuale segretario del Pd cose di sinistra non ne dice. E nemmeno è incitato a dirle: c'è l'alleanza di governo, l'intesa con Berlusconi. Rischio di sembrare un uomo sorpassato, mi rendo conto. Ma una persona condannata in via definitiva per frode fiscale io non la ricevo al partito, al massimo se proprio devo la incontro al bar. E già incontrarla è tanto. Tra l'altro mi pare che i giudici abbiano accordato a Berlusconi molta libertà di movimento: di che si lamenta? Le faccia un monumentino alla magistratura: a chiunque altro avrebbero dato i domiciliari.

*La legge non è uguale per tutti?*

Macché. Questo principio che sta scritto nelle aule di giustizia evidentemente è falso.

*L'anno scorso, proprio in questi giorni, lei disse al nostro giornale: «Dal momento della rielezione di Napolitano tutto il fatto costituzionale è andato a vacca». Lo pensa ancora?*

Non ho cambiato parere. Era più esplicito con l'esecutivo precedente, che era un governo del presidente. Ora con Renzi un po' il tiro è stato corretto, ma le mie critiche rimangono con tutto il rispetto che si deve alla Presidenza della Repubblica. Napolitano aveva detto che non avrebbe accettato un secondo mandato, che sarebbe stato ridicolo anche solo pensarlo. Doveva mantenere la parola. Non credo che sia mosso da ambizioni personali, ma dalla paura di un possibile sfascio delle istituzioni. Però un'alternativa c'è sempre, inevitabilmente una soluzione si trova. La tentazione dell'indispensabilità i politici non dovrebbero averla mai. In realtà non dovrebbe averla nessuno, meno che mai chi ha funzioni pubbliche: altrimenti si è uomini della provvidenza.

*5 giugno 2014*

## *La scomparsa della decenza*
## Incontro con Claudio Magris

Ho incontrato Claudio Magris nel posto migliore dove si possa incontrare Claudio Magris: a Trieste. La città che attraversa il suo lavoro, il suo pensiero e il suo intero essere. E che lui ricambia amandola profondamente. Era novembre, c'era la bora, ma soffiava a una velocità per educande: « solo » centotrenta chilometri all'ora. A me naturalmente sembravano trecento, ma tutti i triestini a cui chiedevo come facevano a vivere con quel vento mi rispondevano facendo spallucce: « Questo è niente ». Sarà, ma in piazza Italia pensavo che la bora mi portasse via.

Inseguivo questa intervista da mesi, anzi da un annetto buono. E quando finalmente il professore mi ha detto sì, il giornale stava mettendo in cantiere l'idea di queste doppie pagine domenicali: così la serie degli « Autografi » è stata degnamente inaugurata.

Ci siamo incontrati al Caffè San Marco, un luogo meraviglioso, dove Magris lavora. Ma è stata l'ultima volta che ho fatto un'intervista in un bar; insieme alle parole del professore il registratore ha preso nota anche di mille rumori di fondo: i clienti, la macchina del caffè, le posate, i piatti, un cane chiacchierone. Per sbobinare tutto ho impiegato ore, nonostante i tecnici del giornale avessero ripulito l'audio. Poi il professore mi ha portato a pranzo nel « suo » ristorante, esperienza che ha confermato la fama della buona cucina triestina.

In tre ore di conversazione abbiamo parlato di molte cose. Quella che più ha lasciato il segno, anche perché è ritornata in molte delle interviste successive, è la triste consapevolezza che il sapere non è più un valore. Nell'ansia della velocità, della fretta, della quantità non c'è più spazio né per lo studio, né per la lettura. Senza idee come può esserci progresso?

Da segnalare anche che sul treno che da Trieste mi riportava a Milano ho partorito la criminale idea di usare gli « Autografi » per fare pubblicità occulta ai libri che amo. Idea che mi ha portato via moltissimo tempo, nel tentativo di trovare per ciascuno una citazione adatta e che non ho mai confessato al direttore. Però è stata anche l'occasione per riprendere in mano libri bellissimi e, come si vedrà, alcuni autori, come Proust, ricorrono più volte.

A un certo punto, in una pagina di *Dalla parte di Swann*, Proust scrive: « Le stazioni sono quei luoghi speciali che, sebbene in pratica non facciano corpo con la città, contengono l'essenza della sua personalità così come ne portano il nome su un cartello segnaletico ». Arrivi a Trieste e sai subito che è vero: scendi dal treno e capisci che sarà complicato entrare in confidenza, avventurarsi nel vento – *questo* vento, velocissimo e freddo – non sarà affatto una passeggiata. È quasi tutto chiuso per lavori perché il progetto Grandi stazioni non è ultimato: cosa resta di un'identità di confine nel mondo globalizzato? Una possibile risposta si presenta nella vetrina di una cartoleria dove incroci, assieme alla guida della città in diverse lingue, un libro di Claudio Magris. E siccome *L'infinito viaggiare* ti porta spesso a visitare *Microcosmi*, eccoci al Caffè San Marco, « situato in un'ottima posizione per chi vuole sgranchirsi le gambe e fare un piccolo giro del mondo ». Il professor Magris qui riceve la posta e lavora.

« Mi concentro più che a casa. Là ci sono tanti libri, molto più interessanti di quelli che potrei scrivere io. È un formidabile antidoto a quel piccolo delirio di onnipotenza che ti prende quando scrivi un libro e pensi di mettere a posto il mondo: vedi gente che se ne frega e allora ti passa la *grandeur*. A volte porto anche il mio cane, Jackson. »

La passione per le cose americane e soprattutto per l'abolizione della schiavitù risale a tanto tempo fa: « All'età di undici anni ho chiesto a mio padre di anticipare di un giorno i festeggiamenti del mio compleanno che è il 10 aprile, perché il 9 aprile 1865 la battaglia di Appomattox, in Virginia, segna di fatto la fine della guerra civile americana e quindi la liberazione dei neri ». Dunque, cominciamo dal luogo in cui ci troviamo.

*Professore, lei ha scritto che i caffè sono anche « una specie di ospizio per gli indigenti del cuore ». E « un'accademia platonica ».*

È così! Vittorio Emanuele II, per sapere le novità politiche, chiedeva: « Cosa si dice da Fiorio? », un caffè che ho frequentato negli anni torinesi. Tanto che Massimo Mila mi diceva: « Claudio, quando non sei al caffè ti si trova al ristorante ». Mi è dispiaciuto lasciare Trieste, ma ero felice di andare a Torino. Guido Davico Bonino ha dato di me una definizione perfetta, « un torinese di Trieste ». A Trieste si respirava una libertà *gipsy*, zingaresca. Torino era la frontiera dell'immigrazione, l'Italia che cambiava, ma insieme era la culla di tutto, della Resistenza, dall'antifascismo, dell'editoria. Una città correggeva l'altra, ero felicemente bigamo.

*Come sta l'Italia dalle finestre del Caffè San Marco?*

Gli sguardi a livello preconscio dicono che va tutto sempre peggio. Sono convinto che gli intellettuali non siano per forza buoni analisti. Anzi, spesso chi coltiva un certo tipo di cultura si è dimostrato incapace di capire. Penso a tanti bravi scrittori del secolo scorso, che sono stati fascisti, nazisti o stalinisti, da Pirandello a Hamsun, ai francesi che andavano devotamente a Mosca ad assistere alle impiccagioni staliniane dei loro compagni. Céline è un genio, ma forse la sua governante capiva la politica meglio di lui.

*Sul* Corriere *ha scritto che la borghesia « pronta e incline a ogni indecenza ha perso il diritto di definirsi borghese, parola che per Mann, Croce, Einaudi e tanti altri significa tutt'altra cosa. Una borghesia che diventa anche politicamente il contrario di se stessa, ossia populismo, democrazia per acclamazione di caudillos ».*

Marx parlava di *Lumpenproletariat*, proletariato intellettualmente e moralmente pezzente, disponibile a qualsiasi manipolazione politica, contrapponendolo al proletariato consapevole. Usò questa parola, *lumpen*, anche Sandro Pertini a proposito dei brigatisti. Oggi la società italiana è sempre più una pappa gelatinosa, una specie di *Lumpenbourgeoisie*, di borghesia intellettualmente pezzente anche quando è benestante, che non ha nulla a che vedere con la borghesia classica. Una classe colloidale in cui anche virtù e vizi borghesi sono scomparsi: non c'è più nemmeno quel modo benpensante, che era comunque l'omaggio del vizio alla virtù.

*Che danni ha causato la scomparsa della borghesia?*

Improvvisamente certe cose, che prima erano date per scontate, non lo sono più state. Se ora mi metto le dita nel naso, lei si offende giusto? Non è un delitto, ma non è educato. Qualcosa sul piano civilmente più superficiale è cambiato. Fare le corna dietro la testa di un ministro, come ha fatto Berlusconi, non è immorale. Ma ci immaginiamo De Gasperi alla Conferenza di pace di Parigi che – mentre dice: « Sento che tutto, tranne la vostra cortesia, è contro di me » – fa le corna? Sembra un dettaglio folkloristico, in realtà è una premessa per l'ignoranza. Un male terribile che ci affligge, perché se non sappiamo metter in ordine una frase e distinguere tra nominativo e accusativo, non distinguiamo chi ruba e chi viene derubato.

*Cosa ha sbagliato la sinistra?*

Quando ero adolescente, avevamo una domestica, siora Maria, che era stata condannata a vent'anni di carcere per attività antifascista. Era scappata dall'Italia e poi era tornata. Aveva fatto la seconda elementare, era di un'intelligenza stupefacente. Era una comunista convinta. Tra i nostri conoscenti c'era una famiglia indifferente al mondo e chiusa in quel che da noi si dice « far casetta », per riferirsi al finto perbenismo del focolare. Un giorno a pranzo Maria discuteva con mio padre, che era stato azionista e poi repubblicano: era la vigilia delle elezioni del '53, io le chiesi per chi, secondo lei, avrebbe votato questa famiglia di nostri vicini. Lei mi rispose: « Non ha nessuna importanza per chi votano ». Io rimasi entusiasta di questa risposta aristocratica, che è tragicamente sbagliata, perché si tratta di milioni di persone, una palude prepolitica, che i vecchi partiti non consideravano e che ci si limitava tutt'al più a controllare. Poi è arrivato Berlusconi e ha detto: io sono come voi, voi siete soggetti. Li ha resi protagonisti, in una melassa indistinta il cui unico valore è il successo. Cento anni fa *Il piccolo alpino* di Salvator Gotta vendeva più copie delle poesie di Saba, ma nessuno si sognava di pensare che interpretava meglio il suo tempo perché vendeva di più. Oggi a chi non ha successo viene negato il predicato di esistenza. A me non chiedono mai perché non ho letto l'uno o l'altro libro di Dostoevskij o di Dumas, ma perché non ho letto Dan Brown, come se fosse un obbligo. Non è che non ho voluto leggere l'uno o l'altro libro, ma semplicemente non si può leggere tutto. A questo clima però hanno collaborato molti. Anche la sinistra, con quella disastrosa idea egualitarista, con l'università del trenta politico.

*Lei che faceva in quegli anni?*

Durante il Sessantotto io ero professore di Letteratura tedesca, prima a Trieste poi a Torino, dove ho visto anche la violenza del Settantasette. Al Sessantotto non aderii, forse perché capivo Eugène Ionesco quando, come ricorda Davico Bonino, ai ragazzi del maggio francese in corteo diceva: « Tra dieci anni sarete tutti notai ». E in parte è successo. La colpa della sinistra è stata di non voler più distinguere l'inevitabile gerarchia tra i gradi del sapere dalla falsità e dall'ingiustizia dell'accesso alla cultura. Il problema non è che non bisogna leggere Tolstoj perché è una lettura d'élite, il problema è che tutti, se ne hanno voglia, devono poterlo leggere.

*Questo cosa ha prodotto?*

Che quasi più nessuno legge Tolstoj. Però non dobbiamo demonizzare quegli anni. Se i miei studenti non volevano venire a lezione, liberissimi: io facevo altro. Ma se si presentavano, era chiaro che in quell'ora si parlava di letteratura tedesca e non di politica. Al massimo se ne parlava al caffè, dopo.

*È iniziato allora il decadimento delle istituzioni scolastiche?*

Nelle vecchie università c'erano ingiustizie baronali assurde. In quegli anni si sono portate avanti istanze sacrosante, bisogna premetterlo. La cosa paradossale è stata che quel movimento eversivo ha prodotto da un lato un potenziamento delle individualità, poi ha creato una sorta di mistica assembleare che ha soffocato le individualità. La parabola successiva è stata un altro paradosso, una sorta di tecnicizzazione del sapere, in cui i titoli scientifici si valutano a peso. Se Kant fosse stato costretto a scrivere una scemenza ogni due mesi, non avrebbe mai scritto *La critica della ragion pura*. Il vecchio sistema scolastico italiano, che tutto sommato funzionava, è stato americanizzato. Pensate sia un bene? Nella mia personale esperienza no, se su trentanove *graduate* a cui ho tenuto un corso negli Stati Uniti, sette non avevano mai sentito nominare Stalin. Io penso che si possa non sapere chi era Amilcare, il padre di Annibale. Ma Annibale bisogna sapere chi è, sennò non capisci nemmeno tutto il resto.

Ricordo quando Luigi Berlinguer, da ministro, predicava: « Gli studenti sono clienti ». Una volta gli dissi: « No, perché il cliente per definizione ha sempre ragione ». Se io vado al ristorante e sui maccheroni al posto del formaggio chiedo lo zucchero, il cameriere me lo porterà. Ma se uno studente mi dice che Dante ha scritto *I promessi sposi*, mica posso dirgli: « In genere no, ma per te sì ». Il sistema dei crediti è una sciocchezza che ha distrutto l'università italiana. Una volta a uno studente che mi spiegava che non veniva a un seminario, che pure gli interessava, perché non dava crediti, ho chiesto: « Hai mai baciato gratis una ragazza? » Investire non vuol dire guadagnare ma spendere. L'idea che ogni cosa che uno fa deve essere tradotta in un vantaggio distrugge la libertà e la creatività.

*Perché sapere non è più un valore?*

Intanto c'è una specie di *horror vacui* verso tutto ciò che riguarda il passato. Un giovanotto di recente mi ha detto che non voleva vedere un film perché era degli anni Ottanta, figuriamoci uno dei decenni precedenti. Una cosa orrenda, vuol dire che quel ragazzo non vedrà mai un capolavoro come *Les enfants du paradis*. Guai a identificare l'intelligenza con la cultura, ma guai a dire che la cultura non serve a niente. Serve anche a giocare meglio a poker, a capire le relazioni, a stare nel mondo.

*Conseguenza di tutto ciò è l'evidente decadenza della classe dirigente.*

La difesa della cultura – e degli aoristi greci – ha senso solo a patto di sapere che cultura non è conoscere Platone, ma avere un rapporto critico con il sapere. Voglio dire che il letterato che sforna libri sta in una catena di montaggio esattamente come l'operaio. Le classi dirigenti sono in gran parte formate da persone pochissimo preparate. Una volta ognuno faceva il suo mestiere. Intendo: la Mondadori apparteneva al signor Arnoldo Mondadori, di professione editore; l'Einaudi al signor Giulio Einaudi, il *Corriere della Sera* ai fratelli Crespi. Adesso tutti fanno altro, a cominciare dai politici. Che non sanno fare le leggi, perché mancano anche di preparazione giuridica, ma non solo. In *La cultura si mangia*, Bruno Arpaia e Pietro Greco ricordano le interviste di « cultura generale » ad alcuni deputati e senatori trasmesse da *Le Iene*. Una parlamentare del Pd, alla domanda cos'è una sinagoga, risponde: « È il luogo che le donne musulmane frequentano per pregare il loro Dio, Maometto oppure Allah ». Parliamo di una signora dalla quale dipende se i miei figli avranno o no la pensione, come se il pilota del volo sul quale viaggiamo ignorasse cos'è un aereo.

*Non è sconvolgente che questi signori si sottopongano volentieri a umiliazioni pur di essere in televisione, sapendo che faranno una figuraccia?*

Ma certo! Il concetto di decenza è cambiato: se uno va in tv a dire sciocchezze, sa che non perde nulla. Anche per i politici il giorno ha ventiquattro ore e loro fanno tutto fuorché politica per la maggior parte del tempo. O inaugurano qualcosa o sono a un convegno o vanno in televisione. Il cardinale Richelieu se faceva politica otto ore, erano otto ore di politica, non di rappresentazione della politica. O di « rappresentanza ». Io non credo che i politici siano fannulloni, credo che per lo più facciano cose assai faticose, ma spesso inutili.

*Che ricordi ha dei suoi anni in Parlamento?*

Hanno coinciso con un periodo difficilissimo della mia vita. Avevo fatto, accettando la candidatura, una scelta contro la mia natura. La mia natura non è di rappresentare, che significa anche una combinazione di convenienze e autenticità. Mi costava una fatica enorme, contro ogni principio di piacere. Come un omosessuale che faccia l'amore con una donna per contribuire all'incremento delle nascite: nobile sacrificio, ma pur sempre sacrificio.

*Cosa l'ha convinta?*

Berlusconi era « sceso in campo », e io in quel momento ho avuto la sensazione, sbagliata, di non potermi sottrarre. C'era un'alleanza, che andava dai vecchi liberali all'estrema sinistra, che sosteneva la mia candidatura; insieme costituirono un movimento e alla fine fui eletto in Senato. La destra si era spaccata in due qui a Trieste, e così ho vinto. Non ho fatto campagna elettorale, forse ho vinto perché non si sono potuti accorgere della mia inettitudine. Ricordo un confronto televisivo disastroso, in cui ero dimesso, per nulla convincente. Mi sono riscattato alla vigilia del voto, in un incontro pubblico con tutti i candidati. Qualcuno aveva pesantemente insultato Margherita Hack, con commenti sul suo aspetto fisico. Io presi la parola: « Vi ringrazio, fino a ora ho fatto una pessima figura davanti ai cittadini. Ma adesso al cospetto di cotante nullità, mi sento qualcuno. Chiederò l'abolizione del suffragio universale: chi, anziché contestare le idee, insulta le persone, non può decidere le sorti del Paese ». E poi anche quando ho incontrato Cesare Previti. Lui era ministro della Difesa, c'era una commemorazione a Redipuglia. Al momento dei saluti mi è venuta l'idea goliardica, nata dal desiderio di non stringergli la mano, di chiedergli l'ora: lui ha guardato il polso e ha abbassato la mano destra. Niente stretta di mano.

*La nostra Carta fondamentale dice che chi esercita funzioni pubbliche deve farlo con dignità e onore. Più che un dettato costituzionale, sembra diventato un dettaglio.*

Non esiste più nessuna sanzione sociale. Spaventa il rifiuto crescente dell'idea di Stato. Quello che in Germania ha copiato la tesi di dottorato, si dimette appena lo scoprono. Una cosa disdicevole, ma non gravissima. Il guaio è oggettivo: non è che i tedeschi siano migliori di noi, è che là è necessario. In Italia nessuno perde più la faccia. Se io fossi antisemita, ma non osassi rivelare le mie convinzioni, sarebbe un pessimo sintomo per me, ma un ottimo segno per la società in cui vivo. Viviamo in un mondo che è l'opposto del vecchio Impero asburgico, dove spesso un genio veniva preso per un cretino ma mai il contrario. Abbiamo collaborato anche demonizzando Berlusconi.

*Mai facendo la legge sul conflitto d'interessi.*

Una responsabilità enorme, ingiustificabile.

*Per cui nessuno ha pagato però.*

Di volta in volta ci siamo turati il naso, sempre per « non far vincere Berlusconi ». Questo non ha favorito il rinnovo dei partiti antagonisti al centrodestra, ma siamo stati tutti complici. Io credo molto al principio di responsabilità. La demonizzazione di Berlusconi ha giovato ai suoi avversari: quella sinistra, in una situazione normale, sarebbe stata spazzata via.

*Le larghe intese sono frutto di un tradimento elettorale?*

È scandaloso non aver fatto una nuova legge elettorale. Monti ne avrebbe avuto il tempo, e anche Letta a questo punto. La parabola di Monti è incredibile, ridotto così con le grandi possibilità che aveva. Che errore Scelta Civica, oggi sarebbe presidente della Repubblica. Sulle larghe intese, in quel momento credo inevitabili, l'unica soluzione decente sarebbe fare una legge elettorale e andare alle urne. Sono grottesche, ma c'è un conflitto tra l'etica della convinzione e il principio di responsabilità. Se il governo Letta, seppur con gravissimo ritardo, facesse la legge elettorale sarebbe un merito.

*Dicono che la legge elettorale non si può fare senza la riforma della forma di governo.*

La riforma costituzionale, in questo modo e in questo momento, è impossibile. La Costituzione non è intoccabile, nonostante nei suoi fondamenti vi sia la base del nostro vivere civile. Anche nella Torah si vieta di fare un idolo perfino della parola di Dio. Ma ripeto: non è questo il modo né il momento di cambiare la Costituzione.

*17 novembre 2013*

## *Ecco perché la giovane Italia va in malora*
## Incontro con Emanuele Severino

Non credo di essere mai stata così agitata come nel tragitto verso la casa di Emanuele Severino a Brescia. Forse nei giorni precedenti, mentre preparavo l'intervista. Le cose che sapevo di lui erano essenzialmente che era un grande filosofo e un bravissimo professore (mio fratello, che si è laureato a Venezia, aveva seguito le sue lezioni). Dei resoconti di quel corso universitario mi erano rimaste impresse le lunghe citazioni della *Repubblica*. In greco.

Ingenuamente gli ho chiesto se davvero sapeva a memoria Platone in greco e il professore mi ha guardata con un certo stupore, pensando che lo ritenessi uno che ama far sfoggio della propria cultura. Con molta pazienza mi ha spiegato che la versione originale è essenziale per comprendere l'esatto significato del pensiero platonico. E poi che dopo traduceva sempre in italiano per gli studenti che non avevano fatto il liceo classico. Il titolo all'intervista l'ha dato un lungo passaggio in cui il professore parla dell'Italia come Stato acerbo, debole nelle sue strutture, non ancora interamente nazione.

Il colloquio – durato un pomeriggio intero, inframmezzato da tè e biscotti – è stato un lungo tira e molla: io cercavo di portarlo su temi molto attuali e terreni (erano i giorni dei forconi, una protesta che ha infiammato le piazze italiane per dissolversi piuttosto rapidamente), lui saliva di molti metri verso la filosofia e inquadrava nel suo pensiero le mie domande. Ne è venuto fuori un compromesso (speriamo accettabile) tra questi due sguardi, posti su livelli tanto lontani. Per distinguere i due piani ha usato il tono: quando parlava del suo pensiero lo faceva sottovoce. E così è rimasto anche nella versione cartacea della conversazione.

Quel che mi ha sorpreso del professore è che è un uomo

estremamente spiritoso, affabile, disponibile, che ride volentieri. Il lato umano di Severino, che contraddice il suo cognome, è stato una scoperta, anche nel racconto della sua vita personale. Dalla prematura morte del fratello maggiore, ucciso in guerra – un evento che lo ha segnato profondamente – ai molti aneddoti di quella che dev'essere stata una vita coniugale piena e felice. Mai avrei pensato che un filosofo guardasse la tv: e invece mi sbagliavo. Sulle questioni di attualità era informatissimo.

*Post scriptum:* Emanuele Severino è stato il primo a raccontarmi di aver ricevuto una e-mail con cui Gianni Cuperlo gli sottoponeva le proposte del suo programma per le primarie del Pd, poi vinte da Matteo Renzi. Ho poi scoperto che non è stato l'unico professore raggiunto da tanta missiva. E nemmeno l'unico a non ricevere alcuna risposta alle proprie osservazioni.

«L'umanità è molto vecchia, l'eredità, gli incroci hanno dato una forza insuperabile alle cattive abitudini, ai riflessi viziosi», ammonisce Proust in *La prigioniera*. Il taxi attraversa Brescia, gelida. L'indicazione stradale è precisa e, nel finale, perfino letteraria: «La via è lunga, io abito in quel tratto di strada dove amava passeggiare Foscolo». Giunti nei pressi dei luoghi cari al poeta – che a Brescia, oltre ad amare appassionatamente una gentildonna, diede alle stampe i *Sepolcri* – si apre la porta di casa di Emanuele Severino. Entriamo non senza timori (ben riposti: il primo scivolone arriva al minuto tre, su un frammento di *La gaia scienza* di Nietzsche), in un soggiorno che ospita mille libri, un pianoforte a coda e un'imponente scultura del figlio Federico. È un Orfeo che ha perduto Euridice: «È così, testa a terra e piedi in aria», spiega il professore, «e getta in faccia lo sconvolgimento del cuore». Per capire quale sia lo sguardo di un filosofo sull'Italia (e se Proust – di cui il professore si occupa in *La filosofia futura* – aveva ragione), partiamo da Leopardi, perché al piano di sotto c'è uno studio «riservato» dove il professore ha scritto i due libri dedicati al poeta di Recanati.

*Professore, quel «* Piangi, che ben hai donde, Italia mia *» è un grido di dolore sempre valido?*

Sì, ma dobbiamo dire che le spiegazioni della crisi del nostro tempo rimangono molto in superficie anche quando vogliono andare in profondità. Il fenomeno di fondo, che non viene adeguatamente affrontato, è l'abbandono, nel mondo, dei valori della tradizione occidentale; e questo mentre le forme della modernità dell'Occidente si sono affermate dovunque. Un abbandono che si porta via ogni forma di assoluto – e innanzitutto Dio. Dio è morto...

*Come la canzone...*

*Il professor Severino scoppia a ridere.* Veramente come Nietzsche, che poi aggiunge: « E noi l'abbiamo ucciso ». Muore, dicevo, ogni forma di assolutezza e di assolutismo, dunque anche quella forma di assoluto che è lo Stato moderno, che detiene – dice Weber – « il monopolio legittimo della violenza ». Questo grande turbine che si porta via tutte le forme della tradizione è guidato dalla tecnica moderna, ed è irresistibile nella misura in cui ascolta la voce che proviene dal sottosuolo del pensiero filosofico del nostro tempo. Il turbine travolge anche le strutture statuali. Investe innanzitutto le forme più deboli di Stato.

*Cosa pensa dei movimenti di piazza di queste settimane?*

La trasformazione epocale di cui parlo non è indolore: il vecchio ordine non intende morire, ma è sempre più incapace di funzionare, soprattutto in Paesi come l'Italia. E il nuovo ordine non ha ancora preso le redini. È la fase più pericolosa (non solo per l'Italia).

*La disperazione sociale è evidente e molto preoccupante.*

Per quel che prima ho detto, la vita sociale, anche in Italia, non è più adeguatamente garantita. La protesta è inevitabile e la situazione potrebbe peggiorare. La « politica » autentica del nostro tempo consiste nel capire la radicalità della trasformazione in atto sul pianeta, cioè deve lasciare la guida alla razionalità scientifico-tecnologica, destinata a imporsi con la morte del vecchio mondo.

*Tra le forme più deboli di Stato c'è l'Italia?*

L'Italia è uno Stato acerbo. Ha centocinquant'anni su per giù. Ma soprattutto ha alle spalle una storia di frazionamento politico-economico-sociale, dove si sono imposte forze che hanno avuto nel mondo un peso ben maggiore di quello dell'Italia unita. Pensi, ad esempio, allo Stato pontificio. La sua storia attraversa l'intera storia europea: qualcosa di molto più consistente e visibile che non l'Italia. Non mi sembra un caso che Putin venendo in Italia vada prima dal papa, nel centro mondiale della cattolicità, e solo dopo da tutti gli altri... Un secondo esempio? La Repubblica di Venezia. A suo tempo era l'equivalente dell'Inghilterra del XIX secolo. Potenze, dunque, che non solo sono state al centro della vita mondiale, ma hanno organizzato la società in modo che lo Stato italiano sarebbe poi stato avvertito come un corpo estraneo da gran parte della popolazione della penisola. Di qui il marcato individualismo degli italiani.

*È questo il motivo per cui non abbiamo un senso dello Stato consolidato come in altri Paesi?*

Sì, la « novità » del nostro Stato è tra i principali. Ma un secondo motivo – ce ne sono molti: parlo di quelli che qui mi vengono in mente – è che durante la Guerra fredda l'Italia ha avuto il più forte partito comunista dell'Occidente: il Pci è arrivato quasi al potere e in modo democratico. Si verificarono due processi, diciamo concorrenti: il Pci andava progressivamente social-democratizzandosi e il consenso aumentava. Il problema era far sì che il primo processo fosse più veloce del secondo. Altrimenti sarebbero stati guai, nel senso di una reazione violenta del mondo occidentale che non avrebbe consentito all'Italia di entrare nella sfera di influenza sovietica. La marcia del comunismo verso la socialdemocrazia è uno degli esempi rilevanti di quello che chiamo « il tramonto degli immutabili » (cioè degli

« dèi »). Il Pci era radicato nel marxismo, cioè, innanzitutto, in una filosofia. La cui crisi è iniziata quando la sinistra europea – si pensi ad esempio a Rudolf Hilferding – ha incominciato a spingere il comunismo da una gestione filosofica a una scientifica del movimento rivoluzionario, trasformandolo, appunto, in socialdemocrazia.

*Però lei ha scritto un libro intitolato* Capitalismo senza futuro.

Anche il capitalismo, infatti, ha alle spalle una visione filosofica prevalentemente assolutistica del mondo (individuo e proprietà come valori assoluti). Gli si fa torto quando lo si tratta come un semplice mezzo per aumentare il profitto. In Italia è più debole; ma la presenza dell'assolutismo cattolico e, fino a ieri, di quello comunista fa sì che l'abbandono della tradizione abbia da noi un maggiore effetto traumatico rispetto ad altri Paesi. Ma poi – ritornando al tema della mancanza di senso dello Stato – essa porta con sé individualismo esasperato e corruzione. E, in proposito, sembra che la Guerra fredda sia stata già dimenticata. È finita da pochissimo. In Occidente il comunismo è finito, ma è come se avessimo davanti un gigante morto. È in putrefazione, ma dà luogo a forme biologiche diverse e ingombranti. La contrapposizione tra il blocco sovietico e quello occidentale è stata una situazione di *mors tua, vita mea*. Ognuno ha adottato qualsiasi mezzo per contrastare l'avversario...

*Per esempio?*

Penso alla sostanziale « alleanza » tra Stati Uniti e mafia: meglio stare con i delinquenti non comunisti che con i comunisti. Ora, il denaro americano arrivava soprattutto per aiutare i partiti anticomunisti, ma la gestione politica di questo denaro non poteva essere un fatto pubblico; inevitabile, allora, la collusione tra Stato e illegalità. Che è sopravvissuta anche dopo la fine dell'Urss. D'altra parte la magistratura è stata ingenua nel voler assumere un atteggiamento all'insegna del *fiat iustitia et pereat mundus.*

*Qual è stata l'ingenuità?*

Pensare di poter spingere fino in fondo le indagini sulle responsabilità e illegalità prodottesi dall'inevitabile collusione tra Stato e criminalità.

*Sta parlando di Tangentopoli?*

Un esempio potrebbe essere questo. Ma vado anche più in là: mi riferisco al mondo capitalistico. La magistratura ha voluto fare qualcosa che non era accaduto nemmeno con la fine del fascismo. Togliatti non ha incriminato i funzionari e la classe dirigente del fascismo. Ha scelto l'amnistia...

*L'Italia è storicamente allergica alle epurazioni?*

Intendo dire che il capitalismo ha vinto la Guerra fredda; ed è ingenuo credere di poter trattare dal puro punto di vista giudiziario un fenomeno storico di questa portata.

*I pm di Mani Pulite hanno sempre detto di essere stati travolti da una valanga di chiamate in correità. E nel nostro sistema l'azione penale è obbligatoria.*

E questo produce un dramma! Non sto dicendo che si sarebbe potuto evitare. Il giudice è ovviamente obbligato a indagare e a dare sanzioni, ma è anche ovvio che il vincitore – il capitalismo – non accetta di essere punito per aver usato mezzi che gli hanno consentito di vincere un nemico mortale.

*La lunga gestazione della decadenza di Berlusconi è la prova che non esiste una sanzione sociale per taluni comportamenti. E questo determina che alla fine i giudici selezionino la classe politica, nel senso che se uno non è stato condannato può fare tutto quello che vuole. Se il presidente degli Stati Uniti dice una bugia si deve dimettere.*

Ma certo! Aggiungo che venticinque anni fa scrivevo, nel libro da lei richiamato, che era meglio che la Fininvest scendesse in campo politicamente, piuttosto che trattenere del tutto nell'ombra il proprio operare.

*Lo conferma?*

Sì, meglio questo di una destra che agisce con lo stile della P2. Meglio, per l'Italia, che esprima pubblicamente i propri progetti, almeno in parte.

*Anche se si fanno le leggi ad personam? Non è pericoloso dire certe cose in un Paese dove i magistrati vengono tacciati di essere un cancro?*

Condivido il senso della domanda. Ma proprio perché ho scritto libri come *Il declino del capitalismo* e *Capitalismo senza futuro*, quanto le sto dicendo non può passare per un'apologia del capitalismo e delle sue degenerazioni. (Non è nemmeno un'apologia del marxismo.) È la constatazione di alcuni dei fattori per i quali la destinazione della tecnica al dominio del mondo produce in Italia una crisi più grave che altrove. E non dimentichiamo le tragedie e gli scompensi determinati dalla dittatura fascista.

*Che ricordi ha dell'Italia fascista?*

Rispetto ai nostri temi sono irrilevanti. Il più terribile, per me, è un ricordo personale, legato alla morte di mio fratello Giuseppe nel 1942, ventunenne. Un giovane straordinario. Aveva otto anni più di me. Studente alla Normale di Pisa, era stato *obbligato*, per legge, a diventare *volontario* del Regio esercito italiano, nel corpo degli Alpini, sul fronte francese: la sua morte mi ha segnato. Non posso dire di aver respirato, da ragazzino, l'esecrazione per quanto, in seguito, ho saputo e capito essere il fascismo. Ho studiato dai gesuiti: ricordo il saluto fascista all'uscita della scuola. Lì ho incontrato padre Auer, che aveva conosciuto Hitler da vicino. Andavo a lezione da lui perché volevo imparare il tedesco. Era stato intimo del giovane Hitler e mi raccontava di un uomo assolutamente disturbato, che se le cose non andavano come voleva lui, aveva incredibili accessi d'ira, si rotolava per terra. Un matto. Nelle mie conversazioni con padre Auer, ripensandoci ora, davo per scontato che i nazisti fossero dei matti.

*Si evoca, con una certa frequenza, un'incapacità dell'Italia di fare i conti con il passato. Cosa ne pensa?*

Le rispondo parlando di un filosofo, Giovanni Gentile, che mio fratello ascoltava a Pisa, perché è stato la figura più profonda del fascismo. Amo dire che non era Gentile a essere fascista, ma il fascismo a tentar di essere gentiliano. Gentile è stato uno dei gestori del «grande turbine» di cui parlavamo all'inizio: il suo pensiero è profondamente antiassolutista e antitotalitario, Mussolini non lo capiva. Da vecchio liberale aveva visto nel fascismo l'occasione per realizzare la sua riforma della scuola. Un'ottima riforma, per quell'Italia. Oggi – anche qui, per la debolezza delle nostre strutture statali – si fanno tra l'altro concorsi universitari dove si applicano retroattivamente disposizioni pateticamente dipendenti dalla cultura inglese e americana. Anche l'idea di studiare la filosofia da un punto di vista storico è sua: un'idea purtroppo rovinata dai manuali che non hanno capito che cosa sia un storia filosofica della filosofia. Comunque, gli scritti politici di Gentile considerano il fascismo come un « esperimento », non certo come un assetto assoluto e immodificabile.

*Evasione fiscale e corruzione: sono una nostra « tara genetica »?*

Una tara storica, come prima le dicevo. L'evasione fiscale è un furto ai danni di tutti. Se c'è da costruire una strada io devo metterci anche la parte degli evasori. Certo, molti artigiani e piccoli imprenditori, se non evadessero, fallirebbero. Tutti sanno queste cose. Però conosco anche tanti cattolici ai quali molti uomini di Chiesa facevano capire che se non avessero ritenuto « giusto » pagare le tasse dello Stato, avrebbero fatto bene a non pagarle. Questo papa, da buon pastore, sta cercando di cambiare le cose. Ma non vorrei che si perdesse di vista che la « corruzione » di fondo è l'« evasione » del mondo dal passato dell'Occidente.

Vorrei dire che il processo in cui le strutture del passato stanno andando in malora è come la febbre: se non la si avesse non si potrebbe guarire. Stiamo andando verso un mondo gestito dalla razionalità tecnologica, ed è probabile che l'Italia, proprio perché ha avuto gli inconvenienti di cui abbiamo parlato, anticipi i tempi rispetto agli altri popoli meno febbricitanti. (Mi lasci dire anche, molto sottovoce, che, nonostante la sua destinazione al dominio del mondo, la civiltà della tecnica è ciò che chiamo « la forma più rigorosa della Follia estrema ». Ancora più sottovoce: la Follia estrema è credere nel carattere effimero, temporale, contingente, casuale, dell'uomo e della realtà: è la convinzione che ogni cosa venga dal nulla e vi ritorni. Però la difesa suprema dall'angoscia suscitata da questa convinzione – la difesa che nella tradizione è costituita, in ultimo, da Dio – è diventata la tecnica. Ovunque, la tecnica sta diventando la forma più radicale di salvezza, che oggi ha soppiantato qualsiasi altra forma di rimedio contro la morte. Mi affretto a lasciare questo tema, tanto più importante quanto più sottovoce ne parliamo.)

*Anche in politica ci si affida alla tecnica come* extrema ratio. *Si è trattato, nel caso del governo Monti, del disvelamento di una bugia?*

Rispondo ad alta voce. Una quindicina d'anni fa avevo criticato sia Monti sia Abete quando promuovevano l'unione di « solidarietà » ed « efficienza » (capitalistica). Abete, allora presidente di Confindustria, declinava tale unione, mi sembra, sul piano di una solidarietà più laica che cattolica; Monti la intendeva come solidarietà cattolica. Ma l'« efficienza » capitalistica è incompatibile con la « solidarietà » in senso cristiano. Quando Monti divenne premier, scrissi un articolo sul *Corriere della Sera* in cui dicevo che l'affacciarsi del suo governo « tecnico » aveva ben poco a che vedere con la destinazione della tecnica al dominio, quale viene intesa nei miei scritti. Proprio perché Monti dichiarava di voler coniugare l'efficienza capitalistica con la solidarietà in senso cattolico, quel governo « tecnico » era prettamente politico, un po' mascherato. Ancora, l'economia comanda la politica e quindi un economista può essere più politicizzato (cioè « ideologizzato ») di un politico. Data la tendenza di fondo del corso storico ritengo tuttavia che ci si debbano aspettare governi che, sempre più, guidino le società sulla base dell'efficienza tecno-scientifica piuttosto che di quella capitalistica, e che a questa forma di efficienza resti sempre più subordinata l'istanza solidaristica.

*Le ideologie sono morte, ma forse sono scomparse anche le idee. Destra e sinistra esistono ancora?*

In ogni gruppo sociale ci sono quelli che sono soddisfatti del proprio tenore di vita e tendono alla conservazione – la « destra » – e quelli che invece soddisfatti non sono e tendono al cambiamento – la « sinistra ».

*Qual è la visione del mondo dello schieramento «progressista»?*

Guardi: l'onorevole Gianni Cuperlo mi ha mandato un'e-mail con il suo programma, chiedendomi cosa ne pensassi. Gli ho risposto che era un programma interessante, anche per il suo intento di collegarsi alla sinistra europea. Poi ho aggiunto che il suo progetto era il modo migliore per salvaguardare il capitalismo. Non mi ha più risposto. Ma vorrei dirgli che in quella mia aggiunta non c'era ombra di ironia.

*Perché il modo migliore per salvaguardare il capitalismo?*

Ormai la sinistra, non solo italiana, non è più nemmeno socialdemocrazia, che mirava all'abolizione delle classi e del capitalismo per via democratica. Ormai anche il Pd è lontanissimo da queste aspirazioni, immerso com'è nella fede, peraltro diffusissima, nella validità dell'organizzazione capitalista della società.

*Curiosità mondana: guarda la televisione?*

Quando c'è un buon film e, quasi sempre, il telegiornale.

*E i talk-show?*

All'inizio i litigi dei politici erano abbastanza divertenti; adesso annoiano. Ma se vogliamo parlare di televisione non possiamo lasciar da parte Internet. C'è contesa per la «conquista dello spazio»; nemmeno il «cyberspazio» ha un unico padrone e i grandi gruppi economici se lo contendono. Chi vuole imporsi sul mercato, deve utilizzare televisione, Internet e tutti i mezzi telematici. Lo strumento (il mezzo) però è destinato a prevalere sugli scopi economico-ideologici. Anche perché ciò che più colpisce lo spettatore non è tanto il messaggio quanto piuttosto la capacità di Internet e televisione di comunicare qualsiasi messaggio. (Un esempio, questo – e torno a parlare sottovoce – del processo, inevitabile, nel quale la tecnica è destinata al dominio, cioè a servirsi, essa, delle grandi forze che ancora s'illudono di poter continuare, loro, a servirsi di essa.)

*15 dicembre 2013*

## *Le infrastrutture di cui ha bisogno il Paese? Giustizia e moralità pubblica*

## Incontro con Piergaetano Marchetti

Conosco Piergaetano Marchetti da molti anni, da quando lavoravo alle cronache locali del *Corriere*. Ma ovviamente questa era la prima volta che ci parlavamo così a lungo. L'appuntamento era nel suo studio, nel cuore di Milano. Mi ha fatto aspettare un quarto d'ora, è arrivato profondendosi in scuse, tutto trafelato e con un grande sorriso: « È appena nato mio nipote ». E dunque la chiacchierata è iniziata sotto il migliore degli auspici.

Mi interessava parlare soprattutto del potere, visto che lui aveva passato tutta la vita accanto ai « poteri forti », espressione che ho sempre detestato perché credo sia inutile, visto che difficilmente ci si occupa del suo contrario, i poteri deboli.

Ed è anche pleonastica: il potere contiene la forza, altrimenti non è tale. Oltretutto è veramente difficile che i potenti siano affascinanti. Quando ho chiesto al notaio se avesse conosciuto qualche uomo o donna di potere che fosse anche colto, non ha esitato: ha fatto un solo nome, Enrico Cuccia.

Abbiamo parlato di tasse, e lui ha detto: « Pagare le tasse è un dovere civile. La cultura corrente è troppo tollerante verso l'evasione, è un male endemico ». E poi ha tirato fuori dalla tasca una busta e mi ha raccontato che erano le tasse per la sua casa di Parigi. Un posto dove le persone pagano le tasse volentieri, ha aggiunto.

Forse perché lì è chiaro in che modo le imposte si traducono in servizi, ho commentato io. Su questo tema il professore però è stato molto serio: il problema è centrale, come centrale è la sostanziale non volontà politica di ordinare il sistema, renderlo meno gravoso, più snello e ragionevole. Anche nella conversazione con Marchetti il *fil rouge* è stato l'equità: tassare le operazioni finanziarie, i grandi patrimoni, non il lavoro. Equità, uguaglianza sono parole scomparse, probabilmente perché la parte politica che storicamente ha tenuto queste parole al centro della propria azione le ha dimenticate. O sostituite con qualche vocabolo straniero che non vuol dire nulla ma è molto di moda.

« L'Italia è fatta, ora facciamoci gli affari nostri » è il motto degli Uzeda, ne *I viceré* di Federico De Roberto. Il discorso sul potere viene in mente nell'ascensore che porta allo studio milanese di Piergaetano Marchetti. Il notaio che dell'alta finanza ha visto quasi tutto: presidente del patto di sindacato di Mediobanca, membro del CDA di Bpm e Generali, vicepresidente di Saipem, diversi incarichi in Rcs, prima presidente del CDA, oggi consigliere e presidente della Fondazione Corriere. Un curriculum lunghissimo, eppure non vuol saperne di essere chiamato « uomo di potere ». Preferisce la parola « arbitro »: ma anche le regole, il rigore e l'epitaffio kantiano (« Il cielo stellato sopra di me, la legge morale dentro di me ») *sono* un potere.

*Professore, perché detesta essere definito « un uomo di potere »?*

Perché non lo sono. Il potere l'ho visto da vicino, ma ho sempre cercato di tenere le distanze. Di regola non do del tu ai miei clienti, anche se è una caratteristica del professionista rampante di oggi. Non lo trovo corretto.

*Ha il complesso del primo della classe?*

Sono cresciuto a pane e senso del dovere: questo conduce inevitabilmente a mettersi in luce, ma guai ad avere un'idea eccessiva di sé. Non ho molti amici, non sono di regola i miei clienti e in minoranza vengono dal mondo dell'università. Ho incontrato un'umanità molto più ricca nei colleghi di mia moglie quando faceva la professoressa di scuola media o in persone cosiddette « qualsiasi ».

*Cos'è il potere?*

Me lo sono chiesto molte volte. Diffido di quelli che dicono « la ricchezza non è tutto », nel senso che il potere è una conseguenza del denaro, su questo non c'è dubbio. Potere è poi capacità di tessere molte ragnatele, rapporti scanditi da continui *do ut des*, debiti e crediti da scambiare. Per essere in questa posizione, però, bisogna aver soddisfatto richieste, questue e raccomandazioni...

*... di richieste di raccomandazioni ne avrà ricevute molte...*

Una volta, all'università, la richiesta di « comprensione » per superare l'esame era frequentissima. Il fenomeno è pressoché scomparso, nella mia esperienza. A trovare posti di lavoro sono incapace, anche se mi piange il cuore di fronte a tutte le persone che hanno bisogno. Ho fatto quello che ho potuto nella mia piccola bottega professionale. La mia segretaria Giovanna l'ho conosciuta ai tempi in cui rappresentavamo i genitori alle scuole elementari dei figli negli anni Settanta. Tornando alla domanda sul potere, ho frequentato molti manager. Ho dovuto imparare l'espressione « fare efficienza ».

*Cosa vuol dire?*

Soprattutto significa licenziare persone, considerate uno spreco. Troppo spesso oggi prevale un atteggiamento spietato e cinico: ci sono premi per i dirigenti in relazione ai risparmi di spesa ottenuti esclusivamente dai licenziamenti. Per me è terribile. Farò discorsi da vecchio socialismo, ma io penso che le riduzioni del personale devono essere davvero l'*extrema ratio*.

*Nel caso di Rcs lo erano?*

Non desidero parlare di Rcs.

*Lei ha votato contro la vendita della sede di via Solferino.*

L'ho sempre detto e rivendicato. Tutti i grandi brand sono legati a simboli. Il *Corriere* è legato a via Solferino: non si tratta di preservare feticci o spazi costosi e inutili, ma di tutelare un valore. La sede storica avrebbe potuto essere destinata oltre che alle redazioni, anche a un museo storico, a un centro dedicato al digitale, a una libreria, a una vetrina per l'Expo, a sede di attività di formazione e culturali con ritorni economici.

*Che pensa della «fine della carta»?*

Un luogo comune ormai, così formulato. Il bisogno di contenuti resta. Ma il grande tema è: si vuole continuare a fare, pur con mezzi nuovi, informazione, nel senso di diffusione di sapere, di notizie, di opinioni? Oppure si vuole utilizzare il digitale per vendere altri beni e servizi? Se prevale questa seconda anima, non si tratta più d'impresa editoriale.

*Se tornasse indietro, cambierebbe idea sull'acquisizione del gruppo spagnolo Recoletos, che ha tanto contribuito all'indebitamento di Rcs?*

*[Lunghissimo sospiro]* Vista *ex post* potrei riprendere in considerazione l'acquisizione di Recoletos a prezzi inferiori. Allora avevamo le condizioni possibili per l'acquisto; i bilanci 2006-2007 parlano chiaro. L'idea – possedevamo anche la casa editrice francese Flammarion – era di costruire un'impresa editoriale multimediale e multinazionale. La Spagna era in crescita e voleva dire Usa e Sudamerica. Si pensava di arrivare a una presenza editoriale che in alcuni settori, come lo sport, potesse fare sistema con la parte italiana.

*Non è andata così. I giornalisti del* Corriere *hanno fatto un'inchiesta sull'operazione Recoletos...*

L'offerta fu accettata sulla base di pareri che ritenevano il prezzo d'acquisizione congruo. La crisi iniziata nel 2008 non era prevedibile. Ripeto: *ex post* tutto è facile. Come si poteva sapere che la pubblicità sarebbe diminuita del cinquanta per cento?

*Sul* Fatto *Claudio Magris ha parlato di un decadimento delle classi dirigenti italiane. Lei è d'accordo?*

Ho molte remore a dichiarare un decadimento in toto. I padri degli illuministi dicevano dei loro figli: « Come siam caduti in basso con questi giovani che nemmeno portano più il parrucchino ». E i padri dei romantici, i padri dei rivoluzionari... C'è spesso uno sguardo nostalgico sul passato. Detto questo, vedo un deciso decadimento sotto il profilo dello spessore culturale. Non solo in termini di quanti film visti o quanti libri letti. Ma c'è una progressiva scomparsa della conoscenza delle basi della cultura. I classici – penso ai russi o ai francesi dell'Ottocento – sono considerati inutili, troppo impegnativi. E così si rinuncia alla comprensione della società, dell'uomo che ci è prossimo. Per me la cartina di tornasole è il discorso sul merito. Condivido il principio meritocratico, se il premio al merito significa che non deve prevalere il demerito, o il rapporto relazionale, le raccomandazioni. Ma quando il discorso sul merito, come troppo spesso avviene, significa che il mondo è diviso in salvati e dannati, lo respingo. Un mondo che valorizza e riconosce solo i primi, negando qualunque prospettiva a chi sta dietro, non mi piace. E mi pare controproducente anche nella prospettiva di un capitalismo moderno. Vedo spesso nelle classi dirigenti, da una parte, il permanere di privilegi non meritati, dall'altra una concezione talebana del merito che esclude chiunque non è sul podio. Merito ed eguaglianza non possono essere disgiunti.

*Altri difetti delle classi dirigenti?*

Scarso spirito critico. Non esercitare una forte pressione per un rilancio dell'istruzione a tutti i livelli. Si preferisce la scuola privata, gli studi all'estero: utili, ma non sostitutivi di un forte sistema nazionale. Quanti si riconoscerebbero nel motto francese «Libertà, eguaglianza, fraternità»?

*Ha incontrato uomini di potere colti?*

Sì, a cominciare da Cuccia. Ma non basta. La cultura deve sorreggere sensibilità e responsabilità sociale.

*Per quanti anni ha insegnato alla Bocconi?*

Cinquanta. Ho visto tutte le trasformazioni possibili. Oggi gli studenti sono più cittadini del mondo, più disinvolti nelle relazioni. A volte però peccano di presunzione; hanno la fortuna di frequentare un'università che funziona: le lezioni si tengono, le sessioni d'esame sono regolari e frequenti e dunque di solito ci si laurea in tempo. Ma questo può produrre nei laureati un senso di superiorità, senza considerare che spesso sono indottrinati da un esasperato spirito competitivo. Anche dopo, sul lavoro. Affermarsi va bene, ma spesso c'è un po' di snobismo e l'idea di essere destinati a grandissime cose...

*Lo scioglimento o la revisione dei patti di sindacato – Pirelli, Rcs, Generali – significa la fine di quello che veniva definito «capitalismo di relazione»?*

Credo che significhi un desiderio di tenersi le mani libere. Non vi è più un orizzonte di stabilità e quindi quando manca la terra sotto i piedi, ciascun investitore – se non ritiene strategica la propria partecipazione – vuol riservarsi di poterla vendere quando vuole.

*Quel mondo è finito?*

Sì, credo di sì.

*Perché in Italia praticamente non esiste l'editore puro? Gli interessi degli editori nella politica e nella finanza hanno condizionato la fisiologia democratica?*

In Italia è andata così. Certo, questo fenomeno è stato assecondato da una classe politica che si aspettava tantissimo dalla sponda mediatica. Tra i protagonisti della vita politica c'è stato anche un editore, proprietario di giornali e tv: il potere è chiaramente passato attraverso i legami con i media. Io però non ho mai assistito personalmente a pesanti pressioni della proprietà del *Corriere* sulla redazione. Ho visto invece tentativi di condizionamento da parte degli investitori pubblicitari, specie nei periodici.

*A Paolo Mieli l'*endorsement *per Prodi nel 2006 costò molto. Si ricordano malumori di due azionisti, Cesare Geronzi e Salvatore Ligresti.*

Purtroppo bisogna dire che dopo quell'editoriale le vendite calarono fortemente. Eloquente segno della disabitudine di troppi lettori « moderati » a valutare tesi e opinioni diverse. Ancora una volta assenza di spirito critico, scarsa laicità di pensiero.

*Alla faccia del principio « i fatti separati dalle opinioni ».*

Il *Corriere* ha avuto e ha spirito di forte autonomia, e non credo che lo si possa accusare di sudditanza rispetto agli azionisti. Penso che abbia avuto un ruolo importante nel persuadere l'opinione pubblica moderata che un'epoca poteva essere messa in discussione. Mi riferisco all'arrivo di Monti a Palazzo Chigi.

*Ha, o avrebbe, consigliato a Monti di fare il presidente del Consiglio?*

Non me l'ha chiesto! In quel momento avrei sostenuto quella scelta, diversamente dalla decisione di presentarsi l'anno dopo alle elezioni. Visto come sono andate le cose, credo che comunque l'atteggiamento generale verso Monti sia ingiusto. Non sono sicuro che senza la lista Monti il risultato elettorale sarebbe stato migliore. Monti ha il merito di aver cercato di arginare il populismo: malattia terribile, per me. E l'Europa? Torna al populismo, al nazionalismo. Mali estremi. La storia parla. Tornare indietro evoca questi spettri. Allora, avanti con più decisione ed equità.

*Mai stato tentato dalla politica?*

In gioventù mi avevano un po' corteggiato. Parliamo della fine degli anni Settanta, metà della Prima repubblica. Non ebbi coraggio.

*Le piacciono le larghe intese di governo?*

Forse era l'unica soluzione possibile. Spero che si esca da quest'assurdo pantano dell'Imu trattata come se fosse l'unico problema del Paese e si affronti in fretta il problema di una crescita equa e delle sempre più inaccettabili diseguaglianze sociali: un macigno per la ripresa.

*Lei è un giurista. Che cosa pensa del caos sulla legge Severino e sulla decadenza di Berlusconi? È stato difficilissimo poter affermare il principio che un condannato non può rappresentare i cittadini.*

Del caso si è parlato tanto. Voltiamo pagina. Concentriamoci con rinnovata energia sul problema generale dello scarso rispetto per la cosa pubblica e la legalità. Sono originario di un paese dell'Alto lago di Como, quasi Svizzera. Il lido di un paese vicino è stato chiuso per infiltrazioni della 'ndrangheta nella società che lo gestiva. Non possiamo pagare un così terribile prezzo alla malavita. Non possiamo vivere in un Paese dove la corruzione, secondo la Corte dei Conti, costa sessanta miliardi di euro l'anno.

*Quali sono i peggiori difetti della politica?*

L'assenza di visioni, di speranze. E per una certa politica l'ansia dello smantellamento del welfare, il darwinismo sociale, un clima generale d'impotenza, spesso crudele, dove la parola « sostegno » è relegata alla beneficenza e al paternalismo. La difficoltà di uscire dalla morsa tra casta e populismo.

*Lei è di sinistra?*

Dipende da cosa vuol dire, oggi. La mia famiglia è sempre stata progressista.

*Voterà alle primarie di domenica?*

Sì, ma non dico per chi.

*È favorevole a una maggiore tassazione dei grandi patrimoni?*

Sì. Sia a una appropriata tassazione dei patrimoni, sia alla tassazione delle operazioni finanziarie, piuttosto che sul lavoro. Mi sembrerebbe giusto e doveroso. Il mio più grande amico nella vita è stato Tommaso Padoa-Schioppa: siamo cresciuti insieme come fratelli. Quando Tommaso disse: « Pagare le tasse è bello », lo criticarono da ogni parte, ma aveva profondamente ragione. Pagare le tasse è un dovere civile. La cultura corrente è troppo tollerante verso l'evasione. E purtroppo è un male endemico.

*La pressione fiscale è mostruosa in Italia.*

Perché in pochi pagano le tasse! E perché le tasse sono mal distribuite. Io sarei favorevole a sistemi impositivi incentivanti e a sistemi, ad esempio, che permettessero al contribuente di destinare, in sede di successione, il prelievo ad aule universitarie dedicate, apparecchiature in ospedali, luoghi di ritrovo per gli anziani, o ad altra destinazione sociale e civile. La cultura dell'evasione tuttavia purtroppo non dipende solo dal carico fiscale.

*Ha nostalgia del Pci berlingueriano?*

Conservo manifesti con gli slogan di quel partito e di quel segretario. Uno era « Il partito delle mani pulite », vent'anni prima di Tangentopoli. Era un partito con tanti difetti, ma aveva passioni, valori, obiettivi. E ciò valeva anche per altri partiti. Oggi questo si vede molto poco.

*Perché la giustizia è stata così bistrattata senza che ci fossero reazioni o anticorpi?*

Se lei chiede a dieci cittadini se sono soddisfatti del sistema giudiziario italiano, temo che la maggioranza non lo sia. Il problema però non è la politicizzazione della giustizia. C'è bisogno di un poderoso sforzo innovatore che faccia sentire la giustizia vicina, certa, « giusta ». Ci vorrebbe un libro bianco con cinquanta proposte per rendere più equo ed efficiente il sistema, che va rifondato. Basta con lo stillicidio della prescrizione, del processo breve o lungo a seconda dei mezzi o dei comodi di ciascuno. Anche l'amnistia o l'indulto fatti così, senza riforme strutturali, sono pannicelli caldi. La giustizia, la moralità pubblica, sono le infrastrutture di cui ha bisogno il Paese. Altro che ponte sullo Stretto.

*Lei conosce i Ligresti? Che opinione ha dello scandalo finanziario che li riguarda?*

Sì, ho conosciuto i Ligresti. Non voglio commentare la vicenda in sé, sulla quale lavorano i magistrati, ma esprimere un convincimento generale che va oltre quel caso. Guai alle imprese che si basano sui padri-padroni, siano essi proprietari o manager con poteri troppo vasti: sono mine vaganti. I controlli e i controllori sono necessari. Molte volte ti dicono: « Ma no, i manager devono avere briglia sciolta », poi si vedranno i risultati alla fine. Novanta volte può andare bene, dieci possono generare disastri. Che pagano tutti. Ci vogliono controlli societari, controlli dell'opinione pubblica, giornalisti indipendenti. Analisi, non gossip.

*6 dicembre 2013*

## *Italiani, più sudditi che cittadini*
## Incontro con Gherardo Colombo

Ho conosciuto Gherardo Colombo nel 2012, l'anno in cui ricorrevano i vent'anni di Mani Pulite. O meglio, lo avevo già intervistato e incontrato diverse volte prima, a dibattiti e manifestazioni, ma lui non se ne è mai ricordato e tutte le volte che mi vedeva mi chiamava Viola. Nel 2012, però, ci è capitato spesso di fare cose insieme, interviste o incontri pubblici. Ed è stato allora che ho acquistato definitivamente il mio nome. Mi aveva molto colpito la sua scelta di lasciare la magistratura, in quel modo, prima del tempo.

Confesso che fatico molto a condividere le opinioni di Colombo sul carcere (è convinto che non serva a nulla), però a me sembra sia molto importante quello che ha fatto dopo. Forse anche più di quello che ha fatto prima. Si è messo a girare l'Italia e a insegnare la Costituzione ai bambini e ai ragazzi delle scuole. Una scelta che dice molto su un uomo che non si è accontentato di essere – nell'immaginario dei più – uno dei paladini di Mani Pulite. Non solo perché ha fatto un sacco di cose prima e alcune altre dopo (la P2, il processo Imi-Sir e Sme). Soprattutto perché ha riflettuto molto sulle regole, pensando che per farle rispettare bisogna prima farne comprendere il significato, la ragione, lo scopo. C'è qualcosa di utopico in questa convinzione, eppure penso che se tutti avessero la passione civile di Gherardo Colombo l'Italia sarebbe un po' meno malridotta.

L'estate scorsa quando il governo, insieme all'Italicum, ha avviato anche la riforma del Senato, ho chiesto a Colombo un'intervista, perché sapevo che condivideva le fortissime perplessità su entrambe le iniziative. Il direttore ha scommesso con me un caffè – l'ho incassato – sul fatto che non avrebbe accettato di parlare, perché è piuttosto allergico alle interviste. Invece ha detto di sì. E dopo aver spiegato le sue ragioni – una volta attuati entrambi i cambiamenti, a una forza politica basterà essere votata da meno di due abitanti su dieci per avere il potere di legiferare, di eleggere il presidente della Repubblica, di eleggere la maggioranza dei giudici costituzionali, di scegliere tutti i componenti delle autorità indipendenti e via dicendo – ha anche risposto a una mia domanda sul capo dello Stato, che si era detto favorevole a un cammino celere della nuova legge elettorale e del nuovo Senato. La riporto qui di sotto perché secondo me – in un Paese che sa solo santificare, adorare e che è allergico a ogni visione critica – è una dimostrazione di libertà intellettuale.

« Il presidente se ne sarebbe andato un anno fa, se non lo avessero quasi obbligato a rimanere perché non erano capaci di eleggere chi ne prendesse il posto. Comunque bisogna capirlo. È nato nel 1925, tre anni dopo la marcia su Roma. La cultura del tempo era quella che era, anche non volendo si era in qualche misura contagiati dal credo assoluto verso la verticalità della società. Una volta che l'Italia si è liberata del fascismo il presidente si è trovato a condividere pensiero e opere di Stalin (se non ricordo male nel 1956 era dalla parte dei sovietici che avevano invaso l'Ungheria con i carri armati). Ha poi fatto passi da gigante attraverso il suo 'grave tormento autocritico' (sono parole sue), bisogna dargliene atto e riconoscere il risultato di sforzi davvero notevoli. Ma a me pare che la cultura del passato, il metodo del centralismo democratico, la convinzione del 'primato della politica', ogni tanto riaffiorino, come credo sia successo con la lettera inviata al Consiglio superiore della magistratura a proposito delle questioni che hanno investito la Procura della Repubblica di Milano e come mi sembra sia oggi, a proposito delle riforme costituzionali. Lo dico con rispetto per il percorso di un uomo che credo abbia sempre agito pensando di essere nel giusto; ma certo sarebbe un gran segno della coerenza del percorso compiuto se si preoccupasse di ricordare alle Camere che sarebbe inopportuno usare tagliole o ghigliottine in una materia così decisiva e delicata come una riforma costituzionale. »

« La prima giustizia è la coscienza », dice Jean Valjean, travestito da monsieur Madeleine, ne *I miserabili* di Victor Hugo. Si rivolge a Javert, l'ispettore che incarna la giustizia cieca, testarda e inesorabile. Una prospettiva che ha spesso dominato il dibattito italiano, nel Paese in cui da vent'anni si farnetica di una supposta guerra tra politica e magistratura e in cui il futuro della giustizia resta un perno centrale nella vita democratica. E dunque anche della salute dell'Italia: siamo venuti a parlarne con Gherardo Colombo, ex magistrato, scrittore, presidente della Garzanti e membro del consiglio di amministrazione della Rai. Sta lavorando – spiega mentre tenta di salvare una pantofola dalle fauci di Luce, golden retriever di sette mesi – a uno spettacolo tratto da *Imparare la libertà, il potere dei genitori come leva di democrazia*, manuale per educare senza punire, scritto a quattro mani con Elena Passerini.

*Dottor Colombo, quando si parla di rapporti tra giustizia e politica, l'obiezione prevalente è che la magistratura si sostituisca alla politica. Nel caso della legge elettorale, è stato fatto di tutto per evitare la sostituzione, eppure il legislatore è rimasto a guardare nonostante i numerosi moniti del Colle. Alla fine la Consulta è intervenuta, dichiarando il Porcellum incostituzionale.*

I giudici – di qualunque grado e tipo – hanno il compito di rispondere alle domande che vengono loro rivolte. È stata sollevata, non a torto, una questione di legittimità sulla normativa elettorale: la Corte ha risposto. A Torino la domanda di chiarimento al Tar sulla validità delle elezioni regionali è stata avanzata da uno degli attori politici. Se coloro che esercitano la funzione politica fossero capaci di risolvere le questioni all'interno della propria funzione, la magistratura non dovrebbe intervenire! Esiste, però, un problema di tempi: in queste materie, in particolare, le questioni dovrebbero essere risolte nel giro di qualche mese, non di qualche anno. Anche se le colpe, molto frequentemente, non possono essere addossate ai giudici.

*L'etica è stata « ristretta » al diritto penale: d'accordo?*

Questo è il problema. Non esiste più la responsabilità politica, disciplinare o amministrativa. Tutto va a finire nel processo penale. Se ne trae l'idea che tutto quanto non è vietato dalla norma penale vada bene. Ma la verifica penale dovrebbe essere l'*extrema ratio*, arrivare per ultima. E forse, aggiungo, non è la più indicata a risolvere le questioni, perché come effetto ha una sanzione, non l'identificazione di un rimedio che valga in casi analoghi per il futuro.

*Nella Prima repubblica non era così. O era un po' meno così: non sarà mica « colpa » di Mani Pulite?*

Durante la Prima repubblica molte cose accadevano nell'ombra. Non farei un'apologia di quegli anni: non dimentichiamo la P2, la stagione delle stragi, da piazza Fontana a piazza della Loggia, da Peteano all'Italicus. E poi c'erano meccanismi di autoconservazione del potere estremamente collaudati ed efficienti. Io credo che l'emersione di Tangentopoli sia strettamente connessa alla caduta del Muro di Berlino. L'Italia era un Paese di confine, in cui si era arrivati a un equilibrio basato su « stanze di compensazione »: il potere si salvaguardava nel suo complesso. Cade il Muro di Berlino e finisce quella contrapposizione – da una parte il mondo occidentale, dall'altra l'Unione Sovietica – in cui entrambi i blocchi avevano un interesse forte sul nostro Paese: perciò la violazione delle norme sul finanziamento ai partiti era ampiamente praticata. L'equilibrio salta, e allora per una piccola finestra temporale abbiamo potuto indagare in un modo impensabile fino a poco prima, quando, per un verso o per l'altro, capitava sempre qualcosa che bloccava le indagini. Torno alle inchieste sulle stragi: quale incredibile serie di trasferimenti ha dovuto subire il processo per piazza Fontana! L'ostacolo alle indagini era quasi prassi, a volte anche con il coinvolgimento della magistratura: è stata la magistratura a fare in modo che il processo di piazza Fontana andasse in giro per l'Italia fino a morire. Anche senza voler pensare alla malafede, i fatti sono questi. Così è successo per la P2, per i fondi neri Iri: se i processi fossero rimasti a Milano, gli esiti sarebbero stati senz'altro diversi.

*Il Tribunale di Milano era diverso?*

Milano, negli anni delle stragi, della P2 e dei fondi neri Iri rappresentava una delle non frequenti eccezioni al pensiero corrente in magistratura, secondo cui il potere era esonerato dalla verifica giurisdizionale. Ma se veniva alla luce qualcosa che riguardava persone che gestivano il potere e iniziavano le indagini, nel giro di poco tempo tutto si bloccava. La stragrande maggioranza dei giudici del Dopoguerra si era formata sotto il fascismo. E quindi, l'atteggiamento era quello al quale erano stati abituati dal regime: in certi cassetti non si guarda. Con il tempo progressivamente le cose sono cambiate. È stata istituita la Corte costituzionale, che ha estromesso dall'ordinamento tante norme risalenti a prima della Costituzione; è nato il Csm e si è compiuto un importante passo verso l'indipendenza della magistratura stessa dagli altri poteri dello Stato; c'è stato un progressivo ricambio generazionale, perché via via che il tempo passava i magistrati che si erano formati sotto il fascismo andavano in pensione. Torniamo a Mani Pulite: io sono entrato nell'inchiesta – su richiesta reiterata dei dirigenti del mio ufficio, Francesco Saverio Borrelli e Gerardo D'Ambrosio – nell'aprile del '92, due mesi dopo che Di Pietro aveva cominciato le indagini.

*A luglio di quell'anno lei rilasciò la famosa intervista a Leo Sisti su* L'Espresso, *in cui proponeva di risolvere la questione evitando la prigione a chi confessava e restituiva il maltolto allontanandosi per un po' dalla vita pubblica. Lo pensa ancora?*

Avevo intuito che quella giudiziaria era una strada senza sbocco. La corruzione era davvero un sistema e sarebbe stato – come in effetti è accaduto – impossibile scoprire e gestire tutto. Non ci sono stime certe, ma circa il quaranta per cento dei processi si è risolto con la prescrizione. Anche oggi penso che la soluzione non poteva essere giudiziaria, che sarebbe stato necessario investire molto a livello educativo.

*E la P2?*

Il 19 marzo 1980, Prima linea ammazza Guido Galli, di cui ero collega all'Ufficio istruzione. Lo racconto perché in qualche modo c'è un collegamento con l'assegnazione dei processi che riguardano Sindona a Giuliano Turone e a me. Uccidono Guido, dopo aver assassinato un altro collega a Salerno e uno a Roma, e l'Ufficio istruzione di Milano rischia di dissolversi: tanti chiedono e ottengono di essere trasferiti, come se volessero scappare. Milano negli anni Ottanta, alle dieci di sera e nei weekend, era deserta: io andavo in giro in moto, quando mi fermavo al semaforo e qualcuno attraversava la strada dietro di me, mi aspettavo un colpo in testa. Avevo paura, avevamo tutti paura, ma un po' di noi non se ne sono andati. Essendo tra quelli rimasti, i vari processi su Sindona furono assegnati a Giuliano, a Gianni Galati e a me. Indagando su Sindona, scopriamo che Joseph Miceli Crimi, il medico che aveva organizzato il viaggio clandestino di Sindona a Palermo subito dopo l'omicidio di Giorgio Ambrosoli e che lo nascondeva in quella città, nello stesso periodo aveva incontrato più volte ad Arezzo Licio Gelli. Poiché Gelli già compariva a più riprese nelle indagini, abbiamo deciso di perquisire i luoghi che frequentava, tra i quali la Lebol – a Castiglion Fibocchi – di cui era dirigente. Era il 17 marzo 1981, ero in ufficio con Giuliano, ed eravamo piuttosto scettici sull'esito dell'operazione. A metà mattina il telefono squilla: è il colonnello Bianchi, che avevamo mandato con i suoi uomini della Guardia di finanza da Milano a eseguire le perquisizioni, imponendogli di non prendere contatto con i colleghi del luogo perché fosse mantenuta la massima segretezza. Ci racconta che sono stati trovati documenti di rilievo eccezionale aggiungendo, stupefatto, che il comandante generale della Guardia di finanza lo aveva contattato, dicendogli che nelle liste avrebbe trovato anche il suo nome...

*... e non era il solo nome eccellente...*

La mattina dopo arrivano le carte, una cosa strabiliante. Ministri, sottosegretari, parlamentari, generali dei Carabinieri, dell'Esercito, della Finanza, il capo del Sismi, il capo del Sisde; i nomi di quelli che avevano depistato le stragi. C'è il nome di Sindona, il nome del generale Massera, coinvolto nel colpo di Stato in Argentina di pochi anni prima. Ci sono i nomi di magistrati, imprenditori, giornalisti e via dicendo. Ritenendo necessario che i vertici delle istituzioni vengano informati, dopo aver tentato invano di contattare il presidente della Repubblica Pertini, che è in viaggio istituzionale in Sudamerica, veniamo ricevuti dal presidente del Consiglio Forlani, il 25 marzo. Ad aprirci la porta di Palazzo Chigi è il prefetto Semprini, che figura nell'elenco degli iscritti alla P2. Forlani minimizza, ma alla fine riconosce la gravità della situazione.

*Pressioni?*

Pressioni direi di no, ma il procuratore della Repubblica di Milano, Gresti, ci chiede di restituire le carte a Gelli! Intanto la Commissione parlamentare d'inchiesta sul caso Sindona, presieduta da Francesco De Martino, chiede copia delle carte. In

Parlamento cominciano a piovere le interrogazioni: Forlani risponde in aula martedì 19 maggio. La nostra sensazione – ascoltando la seduta parlamentare da Radio Radicale – è che il capo del governo voglia scaricare su di noi la responsabilità della pubblicazione delle liste. Circolano, messe in giro ad arte, un sacco di voci sugli iscritti alla P2. Con il consigliere istruttore Amati, che è il nostro dirigente, Turone e io scriviamo una lettera in cui diciamo di ritenere coperti da segreto istruttorio i verbali delle deposizioni rilasciate dai testimoni che stanno sfilando davanti a noi, ma non il restante materiale. De Martino annuncia che la Commissione Sindona avrebbe provveduto comunque a rendere pubbliche le liste e dunque Forlani decide di farlo lui stesso: una settimana dopo cade il governo.

*E le famose buste sigillate?*

Erano circa trentacinque, più o meno ognuna conteneva una notizia di reato. Le accenno il contenuto di due, giusto per capirci. Parlavano di un conto, «Protezione», presso la banca Ubs di Lugano, con riferimenti all'onorevole Claudio Martelli, e di versamenti per milioni di dollari a favore di Bettino Craxi. Oltre alle buste, in una banca di Castiglion Fibocchi trovammo le prove del pagamento delle quote d'iscrizione alla P2. Tutti erano disorientati. Allora l'idea era che i magistrati rispondevano a qualcuno in sede politica.

*Quest'idea è rimasta: hanno annullato le elezioni in Piemonte e il segretario della Lega Salvini ha dato la colpa alla magistratura comunista. È un ritornello che abbiamo sentito per tutto il ventennio berlusconiano.*

Certo, in modo strumentale. Allora invece era spesso vero che i magistrati rispondessero a qualcuno riservatamente in sede politica! C'è chi dice che secondo il manuale Cencelli la poltrona di procuratore della Repubblica di Roma valesse quanto un ministero. I politici impazzivano, perché non erano in grado di attribuirci un'appartenenza. Non sapendo per conto di chi lavoravamo non sapevano con chi lamentarsi, o a chi rivolgersi per fermarci o per trattare. Non pensavano che fossimo veramente indipendenti! Sta di fatto però che nel giro di meno di sei mesi la Procura di Roma ha sollevato conflitto di competenza, la Cassazione le ha dato ragione, le carte sono trasmigrate a Roma e le indagini di maggior rilievo sono state subito archiviate.

*E per Mani Pulite, pressioni?*

Posso parlare per me: mai nessuna. Se c'è stato qualche tentativo di avvicinamento, è stato subito bloccato. Borrelli è stato fondamentale per garantire la nostra piena autonomia.

*In questo pregiudizio sulla scarsa indipendenza della magistratura dalla politica quanto hanno pesato le correnti del Csm?*

Sono stato iscritto a Md da quando sono entrato in magistratura fino a quando mi sono dimesso, ma – salvo un incarico giovanile locale – non ho mai ricoperto funzioni istituzionali.

*Però lei è stato a lungo un simbolo di Magistratura democratica.*

Non intendo affatto negare l'appartenenza a Md, solo specificare che ho fatto poca vita associativa. Finché non c'è stato il Csm, le funzioni venivano svolte per un verso dal ministero e per l'altro dalla Cassazione: organi entrambi, allora, molto sensibili al potere. All'inizio degli anni Cinquanta, chi faceva il giudice in Cassazione si era formato in una società organizzata da regole che, per esempio, vietavano il voto alle donne, stabilivano discriminazioni all'interno della famiglia, consideravano reato l'adulterio femminile ma non quello maschile. C'era chi aveva sviluppato un pensiero alternativo, ma la massa era piuttosto allineata. La Costituzione, in conseguenza, veniva considerata più come un complesso di affermazioni programmatiche che non come la legge fondamentale della Repubblica. Le correnti arrivarono dopo: originariamente le posizioni erano perlopiù molto conservatrici, ed era quasi sovversivo allora essere in sintonia con la Costituzione. Magistratura democratica nacque nel 1964 e progressivamente sorse il paradosso dei magistrati politicizzati.

*Si è sentito spesso dire che Md è stata ispiratrice di molte indagini delle toghe rosse.*

Una cosa che posso dirle per certo è che io non sono stato mai «ispirato» da nessuno. Le indagini sono «ispirate» dalle notizie di reato. Piuttosto credo che queste affermazioni siano spesso volte a distogliere l'interesse dal merito delle indagini e dei processi. Per sapere se un'indagine è giustificata occorre leggere le motivazioni delle sentenze, cosa che credo avvenga davvero molto di rado.

*Altro però è la gestione del potere all'interno della magistratura, per esempio la questione della spartizione degli incarichi tra le correnti.*

Non c'è dubbio. Qui penso che ci siano problemi. È una questione culturale, che riguarda in generale il Paese. La competenza ha perso significato e valore, e a volte vale di più l'appartenenza rispetto alla capacità e alla preparazione. Temo che anche la magistratura si sia adeguata alla tendenza generale qualche volta, e che taluni incarichi siano stati assegnati attraverso accordi tra le correnti basati, appunto, sulle appartenenze.

*I magistrati fanno carriera in base all'anzianità di servizio.*

Il problema è più generale, riguarda la gestione dell'autonomia della magistratura. Le sembra logico che i criteri di scelta del dirigente di un ufficio siano, appunto, l'anzianità o, se va bene, la bravura nello scrivere sentenze o nel dirigere le indagini? Il capo di un ufficio deve essere in grado di organizzare. Per dire, la Procura di una grande città, come Milano o Roma, è costituita, tra magistrati, polizia giudiziaria, cancellieri, personale amministrativo, da circa un migliaio di persone.

*Si parla di riforma della giustizia da sempre: da più parti s'invoca come risolutiva la separazione delle carriere tra magistratura inquirente e giudicante.*

Non credo che aver fatto lo stesso concorso di un pm pregiudichi la terzietà di un giudice. Tanto è vero che accade non di rado che le richieste della Procura siano rigettate dai giudici. Supponiamo sia vero che l'appartenenza alla stessa categoria crei un rischio di parzialità: non sarebbe allora assai più drammatica la comunanza tra giudici di Primo grado, Appello e Cassazione? Il giudice dovrebbe sempre comportarsi in modo da comunicare, anche all'esterno, un'immagine di indipendenza. A volte non è così, ma la separazione delle carriere non c'entra nulla: esistono già norme, sul passaggio tra ruoli, a tutela dell'imparzialità. La partecipazione alla stessa carriera serviva soprattutto a trasmettere al pubblico ministero la cultura della giurisdizione. Invece succede che il pm, per come la funzione è rappresentata dai media, è sempre più spesso identificato come l'accusa. Cioè qualcuno che ha come interesse la condanna, e non invece la corretta ricostruzione dei fatti.

*Come è possibile che sia così poco percepito il rischio di una magistratura inquirente dipendente dal potere esecutivo, soprattutto in un Paese come l'Italia?*

Questo è un passo ulteriore: una volta separate le carriere, allora sarebbe possibile sottoporre la funzione inquirente all'esecutivo. Sarebbe tragico. Anche se forse a tanti italiani, che mi pare abbiano ancora la mentalità del suddito piuttosto che quella del cittadino, forse non dispiacerebbe.

*Per via di questa mentalità ha lasciato la magistratura per andare a insegnare la Costituzione nelle scuole?*

Sì, anche ai bimbi piccoli. Capiscono molto più di quanto gli adulti vogliano credere e hanno un gran desiderio di essere coinvolti, spesso frustrato da una scuola che, pur con eccezioni significative, tende più all'omologazione dei ragazzi che alla promozione della loro libertà responsabile.

*Le esperienze politiche di ex magistrati o magistrati in aspettativa hanno suscitato molte critiche. Lei che ne pensa?*

La Costituzione prevede per tutti il diritto di elettorato attivo e passivo. Credo allo stesso tempo che il principio della divisione dei poteri sia fondamentale, da un punto di vista formale e sostanziale, per cui dal mio punto di vista non guasterebbe se chi volesse dedicarsi alla politica si desse la regola di dimettersi dalla magistratura e di lasciar passare del tempo, due-tre anni, tra un'esperienza e l'altra.

*Nino Di Matteo è stato più che minacciato, è stato oggetto addirittura di un ordine di esecuzione da parte di Totò Riina, nel silenzio assoluto delle istituzioni.*

In Italia, come in nessun altro Paese democratico, sono stati uccisi tanti magistrati. Quando ad ammazzare è stata la criminalità organizzata, le vittime erano spesso persone rimaste isolate: Falcone, per esempio, ha subito un progressivo isolamento. Sarebbe più che opportuno, anzi direi necessario e doveroso, che le istituzioni facessero sentire la loro vicinanza a Di Matteo. Anche con gesti simbolici, come la presenza fisica (una visita a Palermo, un convegno organizzato lì), ma che mi pare siano molto rari. Le persone che sono oggetto di quelli che a volte sembrano atti preparatori a un omicidio dovrebbero essere il più possibile protette e garantite. Deve essere chiaro da che parte è lo Stato.

*19 gennaio 2014*

## *Le menzogne italofone sono bugie senza grandezza*
## Incontro con Guido Ceronetti

Ho fatto un viaggio lunghissimo per arrivare da Guido Ceronetti, che da anni si è ritirato in un piccolo paese in provincia di Siena. Ero stata il giorno prima a Forte dei Marmi, per un altro servizio. Dunque sono arrivata dal maestro di corsa e piuttosto stremata, su un regionale veloce, sporco e tutto rotto. Il tassista che dalla stazione mi portava a casa sua, quando gli ho dato l'indirizzo, mi ha detto: «Ah, ma lei va a trovare Ceronetti!» E ho capito che il paese, in un certo senso, ruota tutto attorno a lui. Ad esempio, se gli vuoi mandare un fax, lo devi inviare al tabaccaio sotto casa. Cose di un altro secolo, guareschiane per come io ho sempre pensato tutti i mondi piccoli, nella presunzione che assomiglino al mio.

Ceronetti, ovviamente, mi aspettava senza aspettative, senza fastidi. Era una cosa da fare e lui l'ha fatta al meglio possibile, nonostante la stanchezza dell'età. Naturalmente, anche se scrive sui giornali da molto, molto prima che io venissi al mondo, non ho mai pensato di considerarlo un collega. Eppure a lui piace parlare di giornali, lo fa con molta dimestichezza. Credo sia perché non è persona da temere le classificazioni: è stato molte cose. E infatti, qualche settimana dopo il nostro incontro, mi ha fatto avere una copia di un suo libro di poesie con una dedica. E io ho pensato: un gesto che farebbe solo un uomo del secolo scorso, un secolo infinitamente più interessante di questo, così frettoloso, così confuso. Poi ho letto con piacere il libro, pur non essendo un'assidua consumatrice di versi e strofe. Mi ha colpito molto la sua analisi delle differenze tra i sessi. E della natura matrigna che ti porta fino alla vecchiaia, un'età ostile, poco confortevole specie nella solitudine. Mi ha detto: «Le donne anziane, quando sono sole, se la cavano meglio di noi uomini. Per un uomo restare solo è più difficile».

Nell'ultimo capitolo dei *Promessi sposi* si incontra il più coraggioso prelato della storia della letteratura: sta tergiversando su un matrimonio che ancora non è sicuro s'abbia da fare, in attesa di esser certo che don Rodrigo abbia tirato le poco nobili cuoia. Temporeggiando, don Abbondio si aggrappa a Cicerone: « La patria è dove si sta bene ». E quindi, attraversando la Toscana su un regionale veloce solo di nome, si cercano tracce del benessere che ha portato un torinese come Guido Ceronetti a scegliere un paesino tra le colline in provincia di Siena. La risposta è lapidaria: « Era destino che ci abitassi ». È una piccola casa, ci sono quasi solo libri e sono dappertutto: dunque meglio dire una biblioteca con camera e cucina. Bisogna fare molta attenzione a come si saluta il poeta, avendo presente una sua celebre affermazione: « La domanda più indiscreta, più insolente, più insoffribile, e la più comune anche, la più poliglotta, la più persecutoria, al telefono e faccia a faccia, la domanda che mette alla tortura chi ama la verità perché la si formula per avere in risposta una miserabilissima bugia è: 'Come stai?' »

Sulla porta, senza domande di circostanza e dopo i saluti, è subito il tempo di un'invettiva sull'età canuta: « Contro la vecchiaia sei impotente, devi solo subire. Vai dal medico, ti dà qualcosa ma non fa quasi nulla. Il Salmo novanta dice: l'uomo vive settant'anni, in qualche caso può arrivare agli ottanta. Ma dopo è catastrofico. Sa, gli uomini soli patiscono la vecchiaia molto di più delle donne: a loro basta la famiglia ». Chiarito questo, si può cominciare.

*In quasi tutte le epoche si è gridato alla decadenza. Un vezzo nostalgico o nel caso della nostra Italia è proprio vero?*

L'Italia mi fa soffrire, per motivi di passione civile. Mi vedo come un patriota vissuto in una ininterrotta perdizione di patria, in una non-patria. L'assenza di patria, scriveva Heidegger nel 1946, sta diventando un destino mondiale. Dappertutto, le patrie stanno scomparendo o s'immaginano di esserci ancora. Migrazioni di popoli e globalizzazione tecnologica abbattono le frontiere per le quali abbiamo combattuto e penato tanto. Posso dire come Lucrezio: « In questo tempo di sciagure per la patria ». Ma se ci rifletto, a una patria che c'è ormai così poco non toccano sciagure.

*L'idea di patria ha avuto decisamente più fortuna a destra che a sinistra, forse come retaggio marxiano, « Gli operai non hanno patria ».*

Non si capisce bene perché la destra si sia impadronita di questo concetto, anche se il vecchio dogma operaista certamente dà una spiegazione. Il patriottismo moderno nasce con la Rivoluzione francese, c'è quello del Risorgimento e poi si arriva a quello dei totalitarismi. L'ultra-patriottismo del fascismo ha dato l'ultimo colpo di piccone al sentimento di patria. Dopo il '45 la parola « patria » era del tutto squalificata: il termine è sparito, ed è stato sostituito da « Paese », che prima non si era mai sentito in riferimento allo Stato. Tanto è vero che c'era un giornale di sinistra che si chiamava *Il Paese*. E non avrebbe mai potuto chiamarsi *La Patria*! Figuriamoci, sarebbe diventato subito uno strumento dei fascismi. In quei primi anni subito dopo la fine della guerra, però, anche a destra si andava cauti con la parola « patria ».

*Nel suo* Viaggio in Italia, *dei primi anni Ottanta, lei ha scritto:*

*«L'Italia è ben poco interessante, il popolo, dopo tanta storia, è più che mai rincretinito». Lo pensa ancora?*

Certo! Tante cose contenute nel *Viaggio in Italia* sono un travalicamento del senso di patria e nello stesso tempo trasudano una struggente nostalgia. Il termine «madrepatria» esprime bene una trasposizione vera: la patria è una madre più grande per tutti. E quando manca la madre, il disorientamento è massimo. L'assenza di patria non è sostituita da nient'altro, forse solo, per quelli che ce l'hanno, dalla fede. Tra l'altro, sul tema dello Stato confessionale, io voglio dire che è sbagliato pensare che l'Italia sia un Paese cattolico. Abbiamo almeno ottocento gruppi religiosi, la stessa Sicilia va diventando pentecostale: diciamo meglio che l'Italia è un Paese dove c'è anche il Vaticano. Una religione è anche un pensiero, e dov'è un vero pensiero cattolico in Italia, oggi? L'originalità di scrittori cristiani come Sergio Quinzio e Ferdinando Tartaglia resta insuperata. E poi silenzio.

*Questo papa francescano le piace?*

Così così. Non mi piaceva nemmeno il suo predecessore, il teologo. Direi che tutto il discorso dei papi ha pochissima consistenza. Ascolto sempre l'interessante rassegna della stampa vaticana di Giuseppe Di Leo su Radio Radicale, la domenica. È fatta molto bene, ma quando si evocano le parole del pontefice in un'occasione o nell'altra, qualcosa che somigli a un pensiero non c'è. Avevano fatto a Pio X, che aveva condannato il modernismo per eresia, una domanda circa le idee nuove. Lui aveva un calamaio sul suo tavolo. E aveva risposto: «Lo vede questo calamaio? Non è mio, l'ho ricevuto. Quando me ne andrò lo passerò al mio successore: questa è la mia dottrina». Cioè non avrebbe mai potuto cambiarla, non avrebbe mai speso una goccia di quell'inchiostro per trasformare la dottrina. È mutato lo stile. Papa Francesco potrà essere, nello stile appunto, un grande modernizzatore. Ma niente di più.

*Nei supplementi al* Viaggio in Italia *dedica alcune pagine al Museo delle carrozze dei papi.*

È un luogo affascinante: ci sono delle carrozze che altro che quelle dei dogi! E poi cominciano le automobili: venivano fabbricate apposta, in modello unico, per donarle al papa. Quella di Pio XII aveva un microfono con cui il pontefice comunicava con l'autista, perché non poteva parlargli direttamente. Ma lui si muoveva pochissimo. Poi scoprendo una jeeppona per i viaggi africani di papa Giovanni Paolo II vedi che c'è stato un cambiamento, inaudito e rapidissimo. Con l'inevitabile papa-mobile si è ristabilita una certa distanza.

*L'obiezione sul pensiero inconsistente dei papi vale anche per la politica?*

Politici che pensano attualmente non ne vedo neppure uno.

*Lo stesso nella Prima repubblica?*

Questo vorrebbe dire che ce n'è una Seconda... Anzi, non so nemmeno se la nostra si possa dire una Repubblica. È nata di provetta e di cesareo: priva di padre e di madre. L'Italia unita è stata fatta da una dinastia celtica poco raccomandabile e finita male. Ricordo il passaggio decisamente traumatico e violento del 25 aprile. Dopo la Liberazione mi appassionava moltissimo tutto quel che era politica. Per slancio, del resto ero talmente giovane... Avevo nelle orecchie i discorsi del duce, quando – lo ricordo come se fosse ieri – andai, con molta speranza e un certo fervore, allo stadio che aveva appena cambiato nome da stadio Mussolini a stadio Comunale. Non c'era ancora la repubblica. Mi trovai ad ascoltare – davanti a una folla oceanica perdutamente bisognosa di essere ingannata – un discorso unitario di Nenni e Togliatti, i due capi dei grandi partiti di massa. Ma era la prosecuzione di quegli altri discorsi, era lo stesso identico vuoto di verità. E quelli sono stati i padri fondatori. Con tutti i suoi difetti di romagnolo – non dimentichiamo che era stato amico e sodale di Mussolini prima del '15 – Nenni era comunque preferibile a Togliatti, che era un emissario di Stalin e un complice delle sue famose purghe. Ero della generazione delle « conversioni de *La corazzata Potëmkin* ». Alla domenica il Pci organizzava visioni gratuite del film di Ejzenštejn e il giorno dopo c'era una fila di ragazzi che andava a iscriversi al partito. Io no: avevo una grande diffidenza verso il Pci e a partire dal ponte aereo di Berlino fui definitivamente anticomunista. Tanti giovani avevano ancora residui di fascismo nelle vene, a me era andato via del tutto con l'8 settembre. Poi c'erano gli increduli sulle deportazioni: sapesse le discussioni. « Ma come, non è possibile: paralumi fatti con la pelle umana, figuriamoci! » A Nizza, sulla collina in faccia al mare, c'è un monumento con la scritta: « Qui è sepolto un pezzo di sapone prodotto con grasso umano ». Sventurato chi non piange.

*Primo Levi è stato sempre tormentato dal timore di non essere creduto.*

Sì, è stato così per tutti i sopravvissuti. Anche per mia suocera, che era stata a Birkenau. Io sono stato attirato dall'ebraismo per via delle persecuzioni. Un giorno, nel 1946, vidi in una libreria di Torino un libretto di Giuliana Tedeschi, *Questo povero corpo*. Raccontava le deportazioni al femminile. Quel volumetto è stato molto importante per me. Tanti anni dopo, abitavo a Roma, mi chiama una ragazza e mi dice: « Mi chiamo Erica Tedeschi, buongiorno ». Era sua figlia. Faceva l'assistente sociale, si occupava dei profughi ebrei della Libia. Dopo la Guerra dei sei giorni, molti ebrei libici avevano fatto una brutta fine: tanti ebrei nordafricani scampati arrivarono in Italia. La nostra convivenza felice è durata quattordici anni. Separati dal 1982 e mai divorziati. Con Erica il mio rapporto non si è mai interrotto.

*Le sue posizioni su Erich Priebke – colpevole, lei ha scritto, di eccesso di obbedienza militare e della « miseria di non essere un santo », di non aver cioè voluto rifiutarsi di partecipare all'eccidio delle Fosse Ardeatine – hanno fatto molto scalpore.*

Ho intervistato Erich Priebke. Per me è sempre stato un essere umano e non un mostro. E penso ancora che sia stato creato « mostro delle Ardeatine » e « vittima di una giustizia dell'odio », come ho più volte scritto. Penso poi che la scena della folla che prende a calci la sua bara – una qualunque bara – faccia schifo. Io volevo sottolineare il processo di trasformazione mediatica di una persona in un mostro, al di là delle sue responsabilità. Voglio dire che lui non è mai stato visto come un imputato, ma subito come un mostro. Era la sua caricatura. Detto questo, io ho sempre pensato che le Fosse Ardeatine siano state un crimine commesso da entrambe le parti. Prima della rappresaglia, c'era stato un atto terroristico dei gappisti, voluto dal Pci che voleva indurre i romani a insorgere.

*Su* Repubblica *ha scritto che bisogna assolutamente eliminare l'orripilante parola « femminicidio », che abbassa le donne « a tutto ciò che, in natura, è di genere femminile, dunque zoologico, col destino comune di figliare e allattare. Ma, per noi, se non siamo bruti, donna significa molto di più. L'etimologia latina ne restringe il ruolo allo spazio domestico (domina); il Medioevo occidentale l'ha inventata (o rivelata) ideale, e su quel trono è rimasta, anche quando trattata a frustate ».*

Ho proposto di sostituire « femminicidio » con « ginecidio ». Non è che sia un neologismo bellissimo, ma appartiene alla schiera dei derivati dal greco classico (*giné-gynekòs*): gineceo, ginecologia, misoginia. Non pensavo mi toccasse di proporre un termine più accettabile per una cosa tanto ripugnante. Però « femminicidio » è rimasto nel linguaggio. Avevo scritto: « Se riuscirò me ne farò un merito», però le abitudini linguistiche sono dure a morire.

*È stato, è, femminista?*

Non è che mi sia mai interessato molto l'argomento. Cioè m'interessano le donne, ma questa è un'altra faccenda. Sono sempre stato naturalmente dalla parte delle donne, non ho mai visto ragioni di un contrasto «di genere». Ero attratto dalla differenza, ma mi pare abbastanza ovvio.

Ho un bellissimo ricordo parigino, che risale agli anni Settanta. C'era una manifestazione femminista in Saint-Germain-des-Prés, con duecento ragazzine. Una – biondina, con gli occhiali, dall'aria timidissima – mostrava il seguente cartello: «E le clitoris, alors?» Incantevole!

*Torniamo alle questioni culturali. Legge gli scrittori contemporanei?*

Molto poco.

*Ci fermiamo a?*

Guido Piovene. L'ho anche conosciuto e gli ho voluto bene. Cesare Pavese poi l'ho amato e mi ha interessato. Anche il Pavese poeta ha toccato corde che sono anche mie, come il rapporto città-campagna.

*«Un paese ci vuole, non fosse che per il gusto di andarsene via.»*

*La luna e i falò*. Quando poi dice: «Un paese vuol dire non essere soli», lo penso anch'io perché abito in un paese. Detto questo, *Il mestiere di vivere* è un capolavoro della letteratura italiana.

*Perché non la attira la narrativa contemporanea?*

Per lo più è roba dettata dal computer...

*Lei è molte cose: poeta, drammaturgo, scrittore, giornalista, latinista e biblista. Cosa si sente di più d'essere?*

Quel che più mi piacerebbe – e ci sono riuscito in buona parte – è di essere un filologo. Il resto è in consonanza. Come biblista era certo un miglior conoscitore dell'ebraico di me il cardinal Martini. Ma non avrebbe potuto tradurre un salmo in una lingua moderna accettabile. Eravamo insieme in prima elementare a Torino. Ho anche una foto di tutta la classe con la maestra, nel 1934, ma non saprei più dire chi fosse il futuro arcivescovo di Milano in mezzo a quei grembiulini. È certamente singolare che in una stessa classe all'età di sei anni ci fossero due futuri biblisti... A me interessava ricavare dai testi del Vecchio Testamento un po' di autentica lingua italiana. Tutto quel che abbiamo di Bibbia tradotta in italiano è veramente roba da buttare.

*Brutte traduzioni?*

Per millenni i papi hanno impedito che venisse letta, poi all'improvviso hanno cominciato a promuoverne la lettura. Mondadori ha stampato la Bibbia del Diodati addirittura nei « Meridiani ». Per tantissimo tempo è stata purtroppo la sola versione italiana disponibile. È una cosa che non si può dire. Ha presente l'italiano del Seicento imitato da Manzoni? Ecco, la lingua di Diodati è quella. Con effetti comici. In un verso il salmista si rivolge a Dio e dice: « Tu conosci quando io siedo, quando io cammino ». Diodati traduce: « Tu conosci il mio sedere ». Voglio vedere se uno non si mette a ridere. Per questo gli italiani fuggiranno sempre la lettura della Bibbia. Quando uscì nel Settanta il mio primo *Qohélet*, mi venne riferito che molti ragazzi dell'estrema sinistra lo tenevano come libro di capezzale. Adesso ho fatto l'edizione definitiva per Adelphi, ma potrei ritradurlo un'altra volta: è inesauribile. Lì non ci sono balle, non c'è politica.

*Ci spiega l'associazione balle-politica?*

La politica è menzogna incarnata, perché surrogato incruento della guerra civile. Là è il viadotto dei messaggeri infernali, e ogni tanto di angeli buoni destinati a esserne vittime. Quando Lenin arrivò in Russia nell'aprile 1917 subito si mise a predicare la trasformazione della guerra europea in aperta guerra civile: così la menzogna della guerra attinse apici inauditi nell'hitlerismo, nel leninismo e nel mussolinismo. Oggi nel mondo si salvano le perplessità di Obama o quella eccezionale donna birmana... Le menzogne nostre, italofone, sono bugie povere, senza grandezza, spurghi del pensiero unico che si maschera di anglismi, di sondaggi e di paraocchi economicoidi. Nessuna verità, neppure un quartino, mai.

*Che pensa dei quotidiani 2014?*

Sono nel giornalismo da circa settant'anni. I giornali vorrei che si salvassero, però con questi giovani giornalisti che usano una lingua sempre più standard, spersonalizzata, l'uniformità trionfa. Non è che sono scritti male, sono scritti uguale.

*Lei ha tradotto Marziale, Catullo, Giovenale: che pensa della sempre minor fortuna dei licei classici?*

È un disastro identitario e quindi politico. Ecco, se c'è una differenza tra la classe dirigente del secolo scorso e questa, è che l'altra aveva una base di latino. Questa non ha niente e perciò ha le chiappe scoperte. Se non hai come base il latino, quel che dici in italiano difficilmente contiene verità. Alla domanda: « A cosa serve il latino? », posso rispondere che serve a distinguere un uomo che ha studiato il latino da uno che non ne sa niente. Il latino è il vero padre della patria. Purtroppo essendo destinato – anche per colpa gravissima della Chiesa che lo ha cancellato dai riti – a sparire del tutto, siamo in piena tragedia identitaria.

*Ai nostri politici invece piace molto usare termini inglesi: si sentono « moderni ».*

Matteo Renzi, sindaco di Firenze, la lingua italiana non l'ha difesa, perciò io lo rifiuto. Le vie di Firenze sono piene di parole inglesi: doveva mettere un argine. Quando l'ho sentito dire invece che « piano per il lavoro », « jobs act » ho pensato che fosse come tutti gli altri. Buttare via la lingua è svendita identitaria.

*La grande obiezione che si fa a proposito di Matteo Renzi è « non è di sinistra ». Lei che dice?*

Che l'obiezione è miserrima: sinistra e destra sono vecchi fantasmi arcidefunti. Da segretario ha manovrato così bene da rimettere in sella Berlusconi che pareva finito. Bravo. L'uomo della provvidenza che getta il salvagente al provvidente più furbo: così la trappola si chiude.

*Il Pd è stato al governo con Berlusconi, ha votato insieme al suo partito il presidente della Repubblica, ora farà con lui le riforme...*

No, non faranno nessuna riforma. Una somma di zeri mentali farà sempre zero. Con Grillo scendiamo ancora.

*Lei è coetaneo del presidente Napolitano.*

Marameo: lui è più vecchio. È del '25 e io sono del '27. Il papa emerito sì, è mio coetaneo. Fidel Castro, ridotto male anche lui, è dello stesso mese mio, agosto 1927, però Leone.

*11 febbraio 2014*

## *Le istituzioni come capro espiatorio*
## Incontri con Gustavo Zagrebelsky

Il professor Zagrebelsky non mi risponde al cellulare da anni. E non perché non senta la suoneria, come sostiene talvolta. Non mi stupirebbe che nella rubrica del suo telefonino al mio numero fosse assegnato il nome « la scocciatrice ». In realtà, lui mi chiama la « mia persecutrice » (se è di buon umore aggiunge un « preferita »). Regolarmente Giulia e Cristina – sua figlia e sua moglie – me lo passano al telefono di casa: senza la loro solidarietà probabilmente non lo avrei mai intervistato. Invece l'ho fatto moltissime volte: sugli F35, sul presidenzialismo, sul tentativo di scassinare l'articolo architrave della Costituzione (il 138) ai tempi del governo Letta, sulla legge elettorale porcata, una volta perfino sul diritto di morire (dopo il suicidio assistito di Lucio Magri in Svizzera). Quasi tutte le volte l'intervista è iniziata con una domanda-trabocchetto: « Lei sa cosa vuol dire la parola greca parresia? », « Lei ha letto *Sulla tirannide* di Leo Strauss e Alexandre Kojève? »

Un professore è sempre un professore: per fortuna non c'erano libretti e voti dopo l'esame, perché non sempre l'avrei superato. Ma « il candidato si accomodi » qualche volta sospetto che me lo avrebbe detto volentieri. A un certo punto, per esasperazione, ha cominciato a darmi del tu, gentilezza che non riesco a ricambiare nemmeno sforzandomi, e non certo per ansia di mantenere le distanze. Mi sembra una forma di rispetto.

Non avevo mai passato un pomeriggio nella sua casa torinese, com'è successo in occasione di questa intervista. Una lunga parte non è stata trascritta, perché il direttore mi avrebbe licenziato in tronco: vita e opere di Fëdor Dostoevskij (con interrogazione, naturalmente). Abbiamo parlato tanto di riforme anche questa volta. Ho colto spesso nelle sue parole un timore che a me pare infondato. Cioè quello di apparire sempre contrario ai processi di rinnovamento. Se però – come sostiene nelle pagine a seguire – le istituzioni sono davvero « diventate il capro espiatorio di colpe che stanno altrove », è importante che chi può – per autorevolezza – dica la sua. Anche per non avere, dopo, il rimorso di avere taciuto. I sostenitori delle impellenti modifiche costituzionali dicono che bisogna garantire la governabilità. La risposta di Zagrebelsky è inquietante: lo scopo dominante sembra l'autodifesa. Si tratta di blindarsi, per usare una brutta parola molto in voga di questi tempi. Possibilmente senza concedere spazio al dissenso. Ma eliminare il dissenso è il contrario della democrazia: il professore lo sa. E forse per questo, tra mille sbuffi e affettuose rimostranze contro la sottoscritta, alla fine non ha mai fatto mancare la sua parola nei momenti cruciali. Pagando anche con tacite ma non irrilevanti reprimende istituzionali.

*Post scriptum*: mentre si chiudevano le bozze di questo libro, sul *Fatto* è uscita un'altra mia intervista al professor Zagrebelsky sull'*Era degli esecutivi esecutori*. Abbiamo deciso di inserirla nel libro perché ci è sembrato interessante e nuovo l'allarme sulla fine della politica, uccisa dall'eccesso di sudditanza al potere finanziario.

Può succedere che, nella pausa di una lunga intervista, ti ritrovi in una cucina affacciata su un terrazzo precocemente fiorito, a far merenda con tè al gelsomino. E capita pure che l'intervistato t'interroghi all'improvviso sui romanzi dostoevskijani, *L'idiota* in particolare.

«A un certo punto, ricorderà, Ippolít dice a Myskin: 'Principe, lei un giorno ha detto che il mondo sarà salvato dalla bellezza'. In russo la parola *mir* vuol dire mondo e, allo stesso tempo, pace.» Per fortuna partecipa anche la figlia del professor Zagrebelsky, Giulia, studentessa di Lettere. «Abbiamo presente, per esempio, l'orrore in cui vivevano gl'immigrati di Rosarno? È pensabile che fossero in pace con i propri simili? Chi a Taranto è costretto tra le polveri dell'Ilva non è nelle condizioni di spirito di chi respira aria di montagna. Chiediamoci se viviamo in un mondo bello o sempre più brutto, in ambienti disumani, dominati dalla violenza, dalla sopraffazione, dallo sfruttamento. Altro che bellezza! Che salvi il mondo, questo nostro mondo, è una frase da cioccolatino. Infatti, l'hanno ripetuta in molti, autocompiacendosi, in occasione dell'Oscar a *La grande bellezza*, come se fosse quella di Myskin. Oggi si parla per non dire nulla. E si è ascoltati proprio per questo. Il vuoto non disturba e, se è detto in certo modo, è anche seducente. In un 'Miss Italia' di qualche anno fa, una ragazza, per presentarsi, ha pronunciato una frase memorabile: 'Credo nei valori e mi sento vincente'. Una sintesi perfetta del grottesco che c'è nel tempo presente.»

*Professore, che impressione le hanno fatto i discorsi del neo premier?*

Mah! Non tutto piace a tutti allo stesso modo. In attesa di

smentite, mi par di vedere, dietro una girandola di parole, il blocco d'una politica che gira a vuoto, funzionale al mantenimento dello status quo. Una volta Eugenio Scalfari e Giuseppe Turani definirono « razza padrona » un certo equilibrio oligarchico del potere. Oggi, piuttosto riduttivamente, la chiamiamo « casta ». Un'interpretazione è che un sistema di potere incartapecorito e costretto sulla difensiva, avesse bisogno di rifarsi il maquillage. Se questo è vero, è chiaro che occorrevano accessori, riverniciature: il renzismo mi pare un epifenomeno. Vorrei dire agli uomini (e alle donne) nuovi del governo: attenzione, voi stessi, a non prendere troppo sul serio la vostra novità.

*Il filo rosso di queste conversazioni è come sta l'Italia. Le risposte non sono quasi mai state incoraggianti: ci siamo chiesti quali responsabilità abbia la classe dirigente.*

La classe dirigente – intendo coloro che stanno nelle istituzioni, a tutti i livelli – è decaduta a un livello culturale imbarazzante. La ragione è semplice: di cultura politica, la gestione del potere per il potere non ha bisogno. Sarebbe non solo superflua, ma addirittura incompatibile, contraddittoria. Potremmo usare un'immagine: c'è una lastra di ghiaccio, sopra cui accadono le cose che contano, sulle quali però s'è persa la presa; cose rispetto a cui siamo variabili dipendenti: la concentrazione del potere economico e gli andamenti della finanza mondiale, l'impoverimento e il degrado del pianeta, le migrazioni di popolazioni, per esempio. Ne subiamo le conseguenze, senza poter agire sulle cause. Tutto ciò, sopra la lastra. Sotto sta la nostra « classe dirigente » che dirige un bel niente. Non tenta di mettere la testa fuori. Per far questo, occorrerebbe avere idee politiche e almeno tentare di metterle in pratica. Che cosa resta sotto la crosta? Resta il formicolio della lotta per occupare i posti migliori nella rete dei piccoli poteri oligarchici, un formicolio che interessa i pochi che sono in quella rete, che si rinnova per cooptazione, che allontana e disgusta la gran parte che ne è fuori. La politica si riduce alla gestione dei problemi del giorno per giorno, a fini di autoconservazione del sistema di potere e dei suoi equilibri. Pensiamo a chi erano gli uomini che hanno guidato la ricostruzione dell'Italia dopo la guerra: Parri, Nenni, De Gasperi, Einaudi, Togliatti, per esempio. Se li mettiamo insieme, non è perché avessero le stesse idee ma perché ne avevano, e le idee davano un senso politico alla loro azione. Le cose che, oggi, vengono dette e fatte sono pezze, sono rattoppi d'emergenza, necessari per resistere, non per esistere. Non è politica. Nella migliore delle ipotesi, se non è puro «potere per il potere», è gestione tecnica. La tecnica guarda indietro; la politica dovrebbe guardare avanti.

*Il governo Monti qualche disastro tecnico l'ha fatto.*

La tecnica come surrogato della politica è un'illusione. Se lei chiama un idraulico perché ha il lavandino otturato, si aspetta che, a lavoro ultimato, lo scarico del lavandino funzioni. Non chiede all'idraulico di cambiarle la cucina. Così, anche i tecnici in politica. Gestiscono i guasti nei dettagli. I governi tecnici per loro natura sono conservatori, devono mantenere l'esistente facendolo funzionare. Dovrebbe essere la politica a immaginare la cucina nuova. E, fuor di metafora, dovrebbe avere di fronte a sé idee di società, programmi, proposte di vita collettiva e, soprattutto nei momenti di crisi come quello che attraversiamo, perfino modelli di società.

*Giovani parlamentari e governanti dovrebbero avere un'idea del mondo.*

Basta essere nuovi e giovani? No. Quello che conta è la struttura dei poteri cui si fa riferimento e di cui si è espressione. Una volta si parlava di blocco sociale, pensando alle «masse» organizzate in partiti di appartenenza, in sindacati d'interessi consolidati. Si pensava alle classi sociali. Oggi, siamo lontani da tutto questo, in attesa della ricomposizione di qualche struttura sociale che possa esprimere esigenze, richieste e forze propriamente politiche. In questo vuoto politico-sociale che cosa esiste e prospera? La rete degli interessi più forti. È questa rete che esprime i dirigenti attraverso cooptazioni. La democrazia resiste come forma, ma svuotata di sostanza. Se la si volesse rinvigorire, occorrerebbe una società capace di auto-organizzazione politica, ciò che una volta sapevano fare i partiti. Oggi, invece, sono diventati, per l'appunto, canali di cooptazione, per di più secondo logiche di clan e di spartizione dei posti. Così, non si promuove il tanto necessario e sbandierato rinnovamento, ma si « allevano » giovani uguali ai vecchi. Ecco la parola: il rinnovamento sembra molto spesso un « allevamento ». Il resto è apparenza: velocità, fattività, decisionismo, giovanilismo, futurismo, creativismo ecc. Tutte cose ben note e di spiegabile successo, soprattutto in rapporto con l'arteriosclerosi politica che dominava. Ma la novità di sostanza dov'è? La « rottamazione » a che cosa si riduce? Tanto più che nelle posizioni-chiave del « nuovo » troviamo continuità anche personali che provengono dal « vecchio » e la soluzione di nodi che ci trasciniamo dal passato è continuamente accantonata, come il cosiddetto conflitto d'interessi.

*L'impellente necessità di modificare l'assetto costituzionale è un refrain che abbiamo ascoltato da più parti, negli ultimi anni.*

Sì. Le istituzioni possono sempre essere migliorate, rese più efficienti eccetera. Ma, a me pare che siano diventate il capro espiatorio di colpe che stanno altrove, precisamente nelle difficoltà che incontra un aggregato di potere che sempre più difficoltosamente riesce a mediare e tenere insieme il quadro delle compatibilità, in presenza di risorse pubbliche da distribuire sempre più scarse, e in presenza per di più d'una contestazione diffusa. Anche in passato, al tempo di Berlusconi al governo, è accaduto qualcosa di simile, ma non di uguale. L'insofferenza nei confronti della Costituzione a me pare derivasse allora dalle esigenze di un potere aggressivo. Oggi, l'atteggiamento è piuttosto difensivo. I fautori delle « ineludibili » modifiche costituzionali dicono: c'è bisogno di cambiamenti per governare meglio, con più efficienza. Ma lo scopo dominante sembra l'autodifesa. Si tratta di « blindarsi », per usare una parola odiosa molto in voga. Il terrore delle elezioni, la vanificazione dei risultati elettorali, i « congelamenti » istituzionali in funzione di salvaguardia vanno nella stessa direzione.

*« Vanificazione dei risultati elettorali »: una cosuccia non da poco in una democrazia.*

La grande maggioranza degli elettori si è espressa a favore della fine del berlusconismo. Invece è stato ricreato un assetto governativo-parlamentare nel quale un cemento tiene insieme tutto quel che avrebbe dovuto essere separato. Il Parlamento attuale, sebbene non possa considerarsi decaduto per effetto della legge elettorale dichiarata incostituzionale dalla Consulta, dovrebbe considerarsi gravemente privato di legittimazione democratica. Ma si fa ormai finta di niente. Non bisognerebbe far di tutto per rimettere le cose a posto?

*Larghe intese* versus *Grillo.*

Le larghe intese sono la negazione della dimensione politica. Sono il regime della paralisi, della stasi. Platone paragona il buon politico al buon tessitore, al buon nocchiero, al buon medico. Nei suoi dialoghi, non è mai detto che il politico è colui che s'immagina come debba essere la convivenza nella *polis*: non si aveva nell'antichità l'idea che la politica fosse fatta di contrapposizione di modelli. L'idea della politica come scelta è una novità moderna. Oggi sembra che si viva in un eterno presente, in cui una posta di natura politica non esiste. Se non ci sono scelte, non c'è politica, e se non c'è politica non c'è democrazia, ma solo conflitti personali, di gruppo o di clan per posti, favori e, nel caso peggiore, garanzie d'immunità.

*Quindi siamo senza futuro.*

Finché la palude non viene smossa. Perché i cittadini vanno sempre meno a votare? Una volta si diceva: « Son tutti uguali », intendendo: « Sono tutti corrotti ». Ma oggi è peggio, si pensa: « Tanto non cambia nulla ». È un effetto della stasi politica. Il Movimento Cinque Stelle è nato col dichiarato intento di smuovere la palude, addirittura di investirla con una burrasca che rovesci tutto. Una negazione, dunque. Ma, la politica deve contenere anche un intento costruttivo. Questo, finora, non è visibile o, almeno, non è percepito. Non che sia molto diverso, presso gli altri partiti, solo che questi sono già radicati e godono perciò del plusvalore che viene dall'insediamento istituzionale. Per chi si affaccia, un'idea chiara e forte del « chi siamo » e « per cosa ci siamo » è indispensabile. La tabula rasa e la rete non sono programmi. Non lo è nemmeno la lotta alla corruzione che, di per sé, rischia d'essere solo una competizione per la sostituzione di un'oligarchia nuova a una vecchia. Oltretutto, la storia e la stessa « materia del potere » mostrano che nella politica la lotta contro la corruzione è senza prospettiva. Contro la corruzione devono valere le istituzioni di controllo e l'intransigenza dei cittadini. La politica è intrinsecamente debole. La ragione sta in quella che, all'inizio del secolo scorso, è stata definita la « ferrea legge delle oligarchie », il che significa che i grandi numeri, per essere governati, hanno bisogno dei piccoli. I piccoli – e l'osservazione vale per tutti, anche per i Cinque Stelle – prima o poi si chiudono in se stessi e si alimentano con la corruzione, alimentandola a propria volta. In difetto di politica, alla corruzione non c'è limite perché essa, nei regimi autoreferenziali, non è la patologia, ma la fisiologia del potere. Se si vuole: è la fisiologia dentro una patologia.

*Senza speranza, dunque?*

Siamo di fronte a un bivio. Da una parte c'è il progressivo arroccamento che, prima di implodere, passerebbe attraverso misure, dirette o indirette, contro la democrazia e la Costituzione. Dall'altra, la rianimazione della politica e la riapertura dei canali della partecipazione, che dovrebbe portare al rafforzamento della democrazia e della Costituzione. La prima strada è pericolosa anche per chi volesse percorrerla, perché l'inquietudine sociale, prima o poi, esploderebbe con esiti che non vorremmo nemmeno immaginare. La seconda è difficile perché la politica non s'inventa a tavolino scrivendo documenti, ma si costruisce quotidianamente nel rapporto con i bisogni, le aspirazioni, le difficoltà e i dolori dei cittadini.

*Cosa pensa della decisione di non chiedere un passo indietro ai sottosegretari indagati?*

La giovane ministra per i rapporti col Parlamento ha detto che non si chiede a qualcuno di dimettersi solo perché inquisito. Giusto. Altrimenti, la politica sarebbe in balia non solo, o non tanto, della discrezionalità dei giudici, ma soprattutto di denunce pretestuose o calunniose, alle quali il magistrato deve dare corso. La questione però sta in quel « solo ». Politica e giustizia hanno logiche diverse. Nulla vieta al governo di difendere – fino a un certo punto – i suoi inquisiti con le ragioni che gli sono proprie, cioè con ragioni politiche. Ma deve spiegare perché lo fa, pur in presenza di motivi di sospetto; deve assumersene la responsabilità; deve giustificare perché abbandona uno e protegge un altro. Non basta dire che si tratta « solo » di procedimenti penali avviati e non conclusi (con una condanna). La presunzione d'innocenza non c'entra nulla con la dignità della politica.

*Lei è mai stato tentato dalla politica?*

Ciò a cui mi sento più adatto è l'insegnamento. Per la politica, soprattutto per la politica, occorrerebbe una vera vocazione. Ricorda la conferenza di Max Weber dedicata, per l'appunto, alla politica come professione-vocazione? Ecco: non sento la vocazione. C'è poi una considerazione che riguarda un potenziale conflitto d'interesse. Chi si occupa di attività intellettuali deve essere disinteressato personalmente. Ancora citando Weber: non deve cedere alla tentazione di mettere se stesso, e i suoi interessi, davanti all'oggetto dei suoi studi. Potrebbe esserci la tentazione di dire cose e sostenere tesi non per amore della verità (la piccola verità che si può andar cercando), ma per ingraziarsi questo o quel potente che ti può offrire, arruolandoti, una carriera politica.

*Perché la politica non attrae più i migliori?*

Una volta avere in famiglia un deputato o un senatore era come avere un cardinale. Oggi, talora, ci si vergogna perfino. Ha visto quanti « rifiuti eccellenti » opposti alla seduzione di un posto al governo? Se la politica non ha prospettive ma è semplicemente un girone d'affari, non servono politici, servono affaristi.

*Vota?*

Ho sempre votato, malgrado tutto. C'è una pagina di *Non c'è futuro senza perdono* del premio Nobel per la pace e arcivescovo di Città del Capo, Desmond Tutu, in cui si descrive la coda al seggio dei neri del suo Paese che, acquistati i diritti politici dopo l'apartheid, per la prima volta vanno a votare, piangendo. Attenzione a dire che il voto è un orpello.

*Cosa pensa dell'Italicum nato dall'accordo tra il Pd e Forza Italia?*

Non so che cosa ne verrà fuori. Mi colpisce, comunque, che la legge elettorale sia decisa dagli accordi d'interesse di tre persone (Berlusconi, Renzi, Alfano), invece che dalle ragioni della democrazia, cioè dalle ragioni di tutti i cittadini elettori. Mi colpisce tanta arroganza, mentre con un Parlamento delegittimato come l'attuale, si tratterebbe di fare la legge più neutrale possibile. Mi colpisce che si pensi a una legge che, contro un'indicazione precisa della Corte costituzionale, creerebbe una profonda disomogeneità politica tra le due Camere. Mi colpisce che si dica con tanta leggerezza che non importa, perché il Senato sarà abolito. Mi colpisce che nel frattempo, comunque, si sospenderà il diritto alle elezioni, perché la contraddizione tra le due Camere impedirà di scioglierle. Mi colpisce che non ci siano reazioni adeguate a questa passeggiata sulle istituzioni.

*E l'idea di « diminuire » il Senato?*

Vedremo la proposta. Fin da ora, vorrei dire che piuttosto che un pasticcio – interessi frammentati di politici locali con una spruzzata di cultura –, piuttosto che una cosa indefinita, senza una funzione, una propria ragion d'essere stabile e continuativa, meglio l'abolizione radicale. Meglio il nulla, piuttosto che l'umiliazione. Esistono già commissioni paritetiche, per la bisogna. Si cerchi di non trattare le istituzioni come merce vile che si vende al qualunquismo antiparlamentare al prezzo di qualche piccolo risparmio sul « costo della politica ». I Senati, o « seconde Camere », o « Camere alte », hanno profonde ragioni d'esistenza. Le loro funzioni, quali che siano nello specifico, si giustificano con l'esigenza di introdurre nei tempi brevi della democrazia rappresentativa la considerazione d'interessi di più lunga durata, che riguardano – come si dice – le generazioni future. Sono assemblee moderatrici rispetto all'incalzare del consenso elettorale che deve essere incassato a intervalli brevi dall'altra assemblea. La prima Camera è necessariamente miope; la seconda Camera deve essere presbite. Deve far valere le ragioni della durata su quelle dell'immediatezza. La sua composizione e le sue funzioni dovrebbero tener conto di questa vocazione, essenziale affinché la democrazia rappresentativa non dilapidi in tempo breve le risorse di tutti, nell'interesse elettorale di qualcuno. Mi pare che i discorsi dei nostri riformatori restino molto in superficie, rispetto alla profondità della questione.

*Non è un bel momento, anche per le istituzioni di garanzia.*

Le istituzioni di garanzia sono la magistratura, dunque anche la Corte costituzionale, e il presidente della Repubblica. Poi c'è la libera stampa, che dovrebbe vigilare nell'esercizio della sua funzione al servizio della pubblica opinione. Siccome nelle oligarchie, come si è detto, le segrete cose – trattative, patti non dichiarati e dichiarabili, corruzione delle funzioni pubbliche – sono fisiologiche, le istituzioni di garanzia e libera stampa dovrebbero fare da contraltare quando occorre. In ogni caso, non mescolarsi e non omologarsi.

*Il sistema italiano è perfettamente riassunto dal rapporto tra Rai e politica: è una commissione parlamentare a vigilare sul servizio pubblico – e sull'informazione che produce – e non il contrario. Ben più che un paradosso.*

È uno dei grandi rovesciamenti che ci tocca osservare in questi tempi. Non l'unico. Pensiamo ad esempio al sistema elettorale. Dovrebbe garantire che la base della vita politica stia presso i cittadini elettori. La logica della legge che abbiamo avuto fino a ora e, con ogni probabilità, di quella che avremo se la riforma andrà in porto, è invece quella della nomina dall'alto (dalle segreterie dei partiti), con ratifica degli elettori. Uno dei principi del fascismo era: «Il potere procede dall'alto ed è acconsentito dal basso».

*Torniamo a Weber: cosa può indurre uno studioso a rinunciare a un bene sommo quale l'autonomia?*

Le risposte più banali sono la seduzione del potere, la carriera. C'è però, credo, la tentazione dell'apprendista stregone o della « mosca cocchiera »: pensare di guidare la politica. Quando Carl Schmitt ha rischiato di essere processato a Norimberga, ha osato dire: « Non sono io a essere stato nazista, era il nazismo a essere schmittiano ».

*Il pericolo non è essere costretti a sostenere certe tesi a tutti i costi?*

Se si riferisce all'atteggiamento di molti costituzionalisti nei confronti dell'ultima fase della presidenza di Giorgio Napolitano, direi che è prevalsa l'idea che il presidente della Repubblica fosse l'ultimo baluardo, al di là del quale il caos, il disastro, il fallimento. Ciò ha portato a giustificare l'assunzione di compiti e il compimento di atti che nella storia costituzionale repubblicana non si erano mai incontrati. Al punto che si parla ormai come cosa ovvia, non problematica, d'una repubblica presidenziale che ha preso il posto del sistema parlamentare. Tutto ciò si è manifestato in un attivismo finora sconosciuto. Ma è stato un attivismo orientato a quella che si dice essere la stabilità e la continuità, e che si traduce in conservazione. Mi pare che si possa dire che è prevalsa la paura del nuovo, il pessimismo politico. Solo apparentemente per paradosso, l'attivismo costituzionale è coinciso con il conservatorismo politico. La Costituzione, prevedendo un ruolo neutrale e super partes, del presidente della Repubblica, dà, mi pare, un'indicazione opposta: l'imparzialità costituzionale per consentire le innovazioni politiche, il rinnovamento della vita politica. Ottimismo politico.

*9 marzo 2014*

Potremmo cominciare questa conversazione con Gustavo Zagrebelsky così: a che punto stiamo? Non è un particolare che la chiacchierata avvenga su un Frecciarossa, treno ad alta velocità, simbolo della politica futurista dei rottamatori. Non è un particolare che si sia diretti a Firenze, la neocapitale del potere. E, aggiunge il professore: « Nemmeno che il vagone più lussuoso si chiami executive. Subito dopo c'è la carrozza business. Esecutivo e affari sono una bella simbiosi ».

Su *Repubblica* è apparso uno stralcio dell'intervento di Zagrebelsky che inaugura la due giorni di Libertà e Giustizia a Firenze (27-28 febbraio 2015). Il tema è l'esecutivo pigliatutto. « Alcuni colleghi, dopo aver letto l'articolo, mi hanno scritto che mi avrebbero bocciato all'esame di diritto costituzionale. Secondo la visione di Rousseau, il corpo legislativo esprime la sovranità nazionale e l'esecutivo la esegue. L'altra scuola dice che l'esecutivo è il governo, che detta l'indirizzo politico. Quando io dico che siamo in un'epoca esecutiva, intendo che il governo non decide più sui fini. Realizza compiti che gli sono assegnati e a cui non si può sottrarre. »

*Quali sono questi compiti?*

Si dice che gli Stati hanno perso sovranità, cioè che le grandi scelte sono sottratte ai governi. I governi sono chiamati a risanare i conti. Francia, Italia, Grecia, Portogallo: non possono sgarrare, la minaccia è forte. Tanto che anche Tsipras ha fatto una mezza retromarcia.

*La cessione di sovranità è prevista dalla Costituzione: «L'Italia consente, in condizioni di parità con gli altri Stati, alle limitazioni di sovranità necessarie a un ordinamento che assicuri la pace e la giustizia fra le Nazioni».*

La nostra Costituzione è aperta. Ma la limitazione è prevista in vista della pace e della giustizia tra le Nazioni, non per mettersi al servizio della finanza internazionale! L'obiettivo si è rovesciato in cessione di sovranità politica a favore di sovranità finanziaria. Siamo in un momento in cui il potere economico ha sopravanzato il potere politico, ci si è alleato subordinandolo.

*Torniamo alla sua bocciatura.*

L'obiezione è che sono almeno due secoli che i governi sono titolari di indirizzo politico. E non esecutivi nel senso di Rousseau. E questo sta a dire che i governi dominano i Parlamenti. I governi esecutori non ammettono ostacoli, obiezioni, inciampi. Monti, parlando in una sede europea, aveva detto che i governi devono essere in grado di educare i Parlamenti. Ma nelle democrazie parlamentari dovrebbe essere il contrario.

*Ma siamo ancora in un regime parlamentare?*

È una fase di trasformazione. C'è stato un rovesciamento dei pesi, la democrazia prevista dalla Costituzione si genera dal basso, si esprime in Parlamento e poi dal Parlamento si trasferisce al governo.

*A cosa è funzionale questo rovesciamento?*

Siamo partiti osservando che le carrozze executive sono vicine alla business. Mi pare di aver risposto. Poi bisogna guardare il quadro da lontano per cogliere l'insieme. La legge elettorale, con premio di maggioranza e ballottaggio, mira a comprimere la rappresentanza con la conseguenza che la maggioranza avrà un ruolo molto invadente nelle nomine di garanzia. E la funzione legislativa rischia di essere ridotta a plebiscito sulle decisioni dell'esecutivo, con la spada di Damocle dello scioglimento delle Camere. Si vuole andare verso una sola Camera con poteri politici pieni e con procedimenti dominati dall'esecutivo. I luoghi della partecipazione sono soffocati dall'azione dall'alto. Questo governo dice che « ascolta le parti sociali ». Ma avere un'idea di democrazia partecipata significa che all'ascolto segue un confronto.

*La svolta autoritaria è il rovesciamento delle basi della decisione pubblica.*

Il momento esecutivo che noi stiamo vivendo ha bisogno di omologazione, che tutti siano in sintonia con il potere. Allora la partecipazione si riduce all'ascoltare e non al deliberare insieme.

*Lei dice: tutto questo accade in un assoluto silenzio su due punti cruciali, la democrazia nei partiti e la vitalità dell'informazione.*

Per quel che riguarda l'informazione, è chiaro che la *forma mentis* della stampa è l'adeguamento. Con tutti i governi. Si parte dall'idea che il solo fatto che il governo ci sia è in sé un plusvalore. Non era così all'epoca di Berlusconi, quando l'informazione si divideva in pro e in contro. Oggi, visto che l'assunto è l'assenza di un'alternativa, di ogni governo bisogna dir bene.

*È il contrario di quello che il quarto potere dovrebbe fare: vigilare.*

È vero. Anche se c'è qualcuno che non si adegua. *Il Fatto* svolge una funzione critica per le disfunzioni, le corruzioni, le malversazioni e le ruberie. Ma anche il vostro giornale non propugna sistemi diversi. *Il Fatto* dà fastidio perché svolge la funzione di vigilanza all'interno del quadro di politica unica, se fosse un giornale ideologico, che propagandasse idee rivoluzionarie, darebbe molto meno fastidio. Questo significa anche che nemmeno il giornale più d'opposizione riesce o può collocarsi in una diversa prospettiva politica. La condizione di politica unica, vincolata agli obblighi superiori, è la fine della politica perché la politica è la discussione sui fini. Se il fine è unico, perché andare a votare?

*E la democrazia interna ai partiti?*

È decisiva per la qualità della vita pubblica, cioè si riflette sulla qualità degli organi in cui l'azione dei partiti si esplica. Se i partiti sono gestiti autocraticamente, la vita parlamentare sarà dominata dall'autarchia. E il rischio oligarchico diventa massimo con i sistemi elettorali che premiano un partito.

*Specie se il segretario del partito di maggioranza è anche il presidente del Consiglio.*

Questa è una grave stortura. Da un lato la sua carica di segretario del Pd influisce sul governo, ma vale anche al contrario. È un circolo vizioso in cui il potere del capo – del partito e del governo – si alimenta da due fonti.

*A proposito di modi della legislazione: ormai si fa tutto – velocemente e subito – con decreti.*

La risposta è « siamo costretti a farlo perché sennò c'è l'ostruzionismo ». Ma l'ostruzionismo è un diritto. Il decreto di attuazione sul Jobs Act contiene l'estensione delle nuove norme sui licenziamenti individuali anche ai licenziamenti collettivi, di cui non c'è traccia nella legge delega e nonostante il parere negativo delle commissioni di Camera e Senato. La Costituzione vuole che le leggi delega abbiano contenuti determinati. Su questo punto la legge delega tace, ma è stato inserito nel decreto. C'è una lunga prassi per cui se le commissioni, pur non essendo il loro parere vincolante, decidono unanimemente in un modo, il governo le segue. Invece il governo se ne è disinteressato. Per come si stanno orientando le istituzioni, il Parlamento non è solo superfluo, è dannoso. Questa è la svolta autoritaria, non i manganelli o l'olio di ricino.

*28 febbraio 2015*

## *Gli affari sono diventati l'unica cosa che dà un senso alla politica*

## Incontro con Piero Ottone

Mi ricordo, della mattinata passata a Camogli, con Piero Ottone, soprattutto un'immagine. Lui stava seduto su un divano, io gli ero di fronte. E faticavo a guardarlo mentre mi raccontava la sua vita così affollata di persone e di incontri, perché ero assolutamente rapita da quello che stava alle sue spalle. Un panorama meraviglioso di rocce che precipitano dentro il mare e poi il mare, solo il mare a perdita d'occhio. E ho pensato che fosse un segno di grande intelligenza decidere di vivere con tutta quella bellezza attorno. La mia idea di buen ritiro assomiglia moltissimo alla casa di Piero Ottone.

Spesso in queste conversazioni con i grandi vecchi mi ha colpito l'estrema lucidità dell'argomentare. È successo anche con lui, un vero giornalista nel racconto che parte da un particolare, da un dettaglio e arriva a spiegarti l'assunto generale. Mi è sembrato subito dai gesti, dai modi, un uomo abituato a dare del tu al potere, ai poteri, senza alcuna deferenza, in un dialogo tra pari. Ma forse è una cosa normale per uno che fa il direttore del *Corriere*, un mestiere a sé. Non solo perché la carriera verticale nei giornali è veramente un altro lavoro, ma nello specifico credo che – per quel pochissimo che ho potuto sbirciare di via Solferino – fare il direttore del *Corriere* sia un mestiere per pochi. Non a caso ora, la sostituzione di Ferruccio de Bortoli è stata a lungo un grattacapo, e non solo per gli scontri tra gli azionisti. Il direttore del *Corriere* è una specie antropologicamente a sé stante. Confesso che avevo un pregiudizio, perché sapevo – dai racconti dei colleghi che lo avevano incrociato – che Ottone aveva licenziato Indro Montanelli da via Solferino. E non capivo come avesse potuto cacciare una firma tanto importante dal primo giornale italiano. Mi sono in parte ricreduta quando mi ha raccontato, con molto trasporto, la scena che chiude questa intervista, con loro due che si commuovono e si salutano addolorati. E poi litigano, fanno finalmente la pace. E naturalmente litigano ancora...

Uscendo dall'autostrada, la grande distesa azzurra si fa sempre più vicina. Guardare il mare è sempre uguale, a tre anni o a trenta, una specie di tregua del tempo. Sarà per questo che in un attimo tornano alla mente i ricordi di scuola: « Uomo libero, amerai sempre il mare », avvisava Baudelaire al liceo. Non c'è *spleen* però in questa giornata di Levante e di sole già caldo, anzi è una promessa di felicità.

« Io l'ho sempre cercato, da quando ero piccolo », spiega il padrone di casa, davanti a finestre spalancate sull'azzurro. « D'estate spiavo il mare dall'autobus, per capire se era agibile. Se lo era, appena arrivato correvo dal bagnino, aspettavo che spingesse la lancetta in mare, saltavo a bordo e remavo avanti e indietro, per ore. Era il paradiso. » Poi la lancetta è diventata una barca a vela. « L'importante era andare per mare. »

Ha fatto un lungo viaggio Piero Ottone, giornalista, scrittore e velista, non solo per mare. Ha attraversato il Novecento « e gli incidenti, tutto sommato, sono stati sopportabili. Adesso sono proprio vecchio. Ancora in buona salute, considerando l'età », racconta in *Novanta. (Quasi) un secolo per chiedersi chi siamo e dove andiamo noi italiani*. Il libro è un memoir affollatissimo di persone, orizzonti, sguardi rivolti all'indietro e posati sull'oggi con malinconica distanza. Novant'anni sono un traguardo: « Non posso lamentarmi. Ma la vecchiaia avanzata non è un'età facile. Grandi, costanti, irreparabili sono i disagi. Soprattutto è accentuato il senso di fragilità ». Eppure guardandolo seduto elegantemente sul divano non è la fragilità il primo pensiero. Più che altro lo stile: via Solferino, per capirci.

*Come sta l'Italia, direttore?*

La chiave di tutto è la classe dirigente, l'Italia non ne ha una di qualche pregio. Ogni Paese, ogni popolo prospera o decade in forza della classe dirigente di cui dispone. La classe dirigente è un distillato che si forma attraverso il tempo. La capacità di governare non dipende tanto dalla cultura, direi più da questioni d'indole. Prendiamo uno dei più importanti statisti della nostra storia, Cavour: è stato un grande primo ministro, ma non era un uomo di cultura. I rappresentanti della classe dirigente inglese non so fino a che punto potrebbero sostenere una conversazione filosofica, ma sanno amministrare. Per istinto, per formazione.

*A noi è sempre mancata?*

C'era una classe dirigente in alcune parti dell'Italia preunitaria, quella piemontese: non solo Cavour, penso anche a Quintino Sella. Il guaio è che l'unificazione è stata un'operazione culturale: Verdi e Manzoni sono i numi tutelari di quel passaggio. Ma si tratta di uomini d'arte e cultura, politicamente non esisteva una classe dirigente su scala nazionale. Purtroppo con l'unificazione si è creato un grande magma politico-sociale che fin dal primo momento ha mostrato numerose debolezze. Ha funzionato male, per esempio, da un punto di vista economico-industriale rispetto ad altre nazioni europee come Inghilterra e Francia. Dal momento dell'unificazione l'Italia va a tentoni, senza una bussola: basta pensare al succedersi compulsivo dei governi. E la classe dirigente che c'era, quella piemontese, sia per una questione di dimensioni sia per pavidità ha gettato la spugna subito.

*Ha aiutato anche il progressivo spostamento verso il centro della capitale.*

La capitale a Roma è stata una follia: Roma non aveva nessun titolo per essere capitale di un Paese che avrebbe avuto nel tempo sessanta milioni di abitanti.

*Era geograficamente strategica ed era stata il cuore di uno dei più importanti imperi della Storia.*

Sull'ubicazione geografica, bisogna pensare che tra i grandi Paesi di oggi quasi nessuno ha la capitale al centro. Ma allora, quali qualità aveva da *caput mundi*? Roma è irrecuperabile. Negli anni Sessanta, al mio rientro in patria, vivevo a Milano e dintorni: ho messo sotto osservazione il mondo degli affari e dell'industria, i vari aspetti del famoso « miracolo italiano » e i suoi protagonisti. Alle controversie politiche di Roma, partite a scacchi giocate non sui problemi reali ma sulle persone, non riuscivo proprio ad appassionarmi. Le persone che giocavano quelle partite, nel complesso, erano scialbe. Io sono cresciuto a Genova, dove c'era un segretario generale del Partito fascista che si chiamava Molfino, di cui si diceva un gran bene. Tanto bravo che fu trasferito a Roma: scomparso. Roma li rovina.

*Che idea ha degli uomini nuovi della politica?*

In tema d'individui l'Italia è uno dei Paesi più fortunati dell'orbe terracqueo. Si tratta però di individui, magari di prim'ordine, ma non fanno né gruppo né classe. Tra quelli di adesso ci sono senza dubbio uomini di valore. Matteo Renzi è un fenomeno interessante: ha portato una ventata di vigore e vitalità. Credo abbia una cultura modesta, ma poco male. Ha una forte personalità.

*Che pensa degli slogan renziani?*

Non mi fanno paura. Ho altre riserve, non questa. Renzi è tra i tanti, uno dei più faciloni e dei più superficiali. Se ha un valore è quello di essere un ciclone. Dopo quel Letta, così prudente e un po' addormentato... L'importante in Renzi è la forza vitale che riesce a scuotere la gente. Qualche mio amico fiorentino, all'inizio della sua ascesa, me ne diceva bene, io ribattevo: «Che Dio ci protegga da Renzi!» Oggi penso che dobbiamo dargli una chance, forse è l'uomo che può farci uscire dal letargo. Siamo un Paese addormentato, scettico, sfiduciato. Bisogna dare un po' di *verve* a quel che c'è di valido. Come è accaduto nel Dopoguerra, quando l'artigianato ha creato rami d'industria di grande valore. Io credo che ci siano delle potenzialità e che ci voglia qualcuno che ispiri fiducia. La politica attrae gli ambiziosi. Gli affari ormai sono l'unica cosa che dà un senso alla politica. Questo non toglie che ci siano anche persone più interessate al potere che al denaro. Ora il premier deve andare oltre le parole, portare anche fatti.

*In* Novanta *racconta che un giorno parlando con De Mita gli disse che la strada per il buongoverno passava per la concretezza e non per le astrazioni dialettiche.*

Sostenevo che bisognava individuare i compiti più urgenti che un governo efficiente avrebbe dovuto affrontare. Di volta in volta gruppi di esperti avrebbero dovuto elaborare i progetti di riforma. E poi il governo li avrebbe attuati. Mi ascoltò in silenzio e poi mi disse: «No, vedi, la politica è un'altra cosa». Può darsi avesse ragione lui, ma le riforme non si sono mai fatte. E l'Italia è sempre la stessa.

*Dicono che siamo all'alba della Terza repubblica, o forse agli ultimi colpi di coda della Seconda. La Prima com'era?*

L'Italia del miracolo è stata una bellissima creazione che aveva come riferimenti anche dei gruppi politicamente vivi. La Dc aveva dei rappresentanti di valore: De Gasperi, Scelba. Quella era una classe dirigente potenziale che funzionava abbastanza bene. Fanfani, poi, leggeva abbastanza. Verso la fine del '77 avevo lasciato la direzione del *Corriere*, ero passato al gruppo Mondadori. Ricordo un incontro con Aldo Moro a casa sua, c'era anche Claudio Rinaldi che allora dirigeva *Panorama*: con la sua consueta prudenza ci fece capire che era il momento di un'alleanza con i comunisti per governare e per arginare il terrorismo. E, poco dopo, Fanfani mi disse le stesse cose, in modo più esplicito come era suo costume: « Quando la casa brucia non si guardano in faccia i pompieri ».

*E Andreotti?*

Magnifico. Uomo di grandi sottigliezze, acume politico e personalità. E che credeva, con tutta la sua anima, in un'unica cosa: nel potere. Era animato da una fede.

*Lo incontrava spesso?*

Frequentavo più assiduamente De Mita. Aveva idee e personalità. Anche su di lui però tocca dare ragione a Gianni Agnelli che lo aveva definito « un intellettuale della Magna Grecia »... Nella Prima repubblica la Dc funzionava e anche il Pci. Anche se io non credo che i dirigenti del Pci, penso a Napolitano per esempio, davvero credessero nel comunismo sovietico.

*Il Pci e Napolitano sostennero l'invasione dell'Ungheria da parte dell'Urss nel '56.*

Volevo dire questo: se l'Italia fosse stata un Paese normale Napolitano e gli altri non sarebbero stati comunisti. Si sono aggrappati al comunismo perché mancava un'ideologia diversa che li ispirasse. Tutto ciò li ha distolti dal governo: Stalin, la Russia, il Cremlino erano fuorigioco. Napolitano è stato un buon presidente della Repubblica nel suo primo mandato. Siamo coetanei, sa? Infatti vedo che si muove con le mie stesse difficoltà.

*È stata un'idea saggia la ricandidatura?*

Ha fatto malissimo ad accettare, da allora si è rovinato tutto. È diventato un cattivo presidente. Il suo periodo era finito e credo non avesse più nulla di importante da dire. I contesti cambiano, ormai l'Italia vive una nuova fase. E poi anche per l'età: sapesse che differenza nel pensare, nell'agire anche solo rispetto a vent'anni fa, quando si era sulla settantina! Ambrogio Puri, manager genovese dell'Italsider, alla fine della sua vita diceva della vecchiaia: « L'è 'na gran belinada ».

*Un capitolo del suo libro s'intitola « Un altro ventennio ».*

Vuol parlare di Berlusconi? Berlusconi è un uomo con grandi qualità, di un'ambizione smisurata, ma senza principi, completamente privo di scrupoli. Amava incontrare le personalità internazionali e aveva la sfacciataggine di comportarsi senza inibizioni. Il suo ventennio è stato uno dei periodi peggiori della storia italiana, nella quale sono emerse tutte le cattive qualità della nostra classe dirigente: disordine, superficialità, volgarità, disonestà. Adesso credo che il vecchio gruppo di potere stia sparendo: Veltroni fa documentari, D'Alema è fuori dai giochi. Per fortuna, aggiungo: è un uomo troppo furbo, troppo sottile, saccente soprattutto.

*Torniamo a Berlusconi.*

L'ho conosciuto quando ero direttore del *Corriere*. Mi aveva cercato con insistenza ed era stato fissato un appuntamento. Entrò nella mia stanza, con un accompagnatore che però rimase silenzioso. Mi spiegò, con una certa animosità, che il traffico aereo di Linate disturbava gli inquilini in un quartiere di recente costruzione, in sostanza era più difficile vendere gli appartamenti. Uno scandalo, diceva. Voleva che il giornale indagasse e che insistesse perché si modificassero le rotte. Passai la pratica al capocronista, onestamente ora non ricordo il seguito. L'ho visto molte altre volte, dopo. Ricordo un pranzo a casa di Mario Formenton, c'era anche lui. Era seduto accanto a me, cercava sempre i modi adatti all'interlocutore: un grande venditore. Mi chiese, timidamente, sotto voce: « Possiamo darci del tu? » Era ancora un uomo d'affari rampante quando comprò la villa di Arcore. Volle dare una grande festa, favolosa, insolita, straordinaria. Invitò non solo amici e parenti, ma tutta la Milano che contava: prefetto, sindaco, magistrati. Come dire: adesso ci sono io, tenetene conto. Fui invitato anch'io. Nel parco correvano i bambini, probabilmente figli o nipoti. Vestiti in velluto, da paggi. Da paggi! Si è spesso sentito dire che aveva una foto di Agnelli sulla scrivania. Strano, no? Agnelli non era certo il modello dell'uomo di successo che si era fatto da solo. Ma era il modello di chi voleva primeggiare in società: per stile e per familiarità con i potenti del mondo.

*Scrive che con Agnelli vi sentivate spesso, al telefono. Sempre alle sei del mattino?*

Non così di buon'ora, ma comunque presto e si parlava un po' di tutto. Compresa qualche cattiveria. Un giorno diede di un personaggio la seguente definizione: « La sua vita è un capolavoro. Ha sposato la figlia del padrone e gli ha portato via la bottega. Poi ha consegnato la figlia a qualcun altro ed è andato a puttane ».

*Nel libro parla anche del principe Caracciolo.*

Con Caracciolo, quando lasciai il *Corriere* per la Mondadori, ci alternavamo alle cariche di presidente e amministratore delegato. Ma erano cariche del tutto formali, constatai con dispiacere: *Repubblica* era di Scalfari. Per esempio io e Formenton eravamo contrari all'apertura delle redazioni locali, ma a Eugenio interessavano perché così aumentava la tiratura: la sua ambizione era superare il *Corriere*. Caracciolo seguiva Eugenio nelle grandi cose, era difficile non farlo vista la sua personalità. Carlo però era anche l'unico che aveva un certo ascendente su Scalfari: era un uomo di grande tatto, intelligente, d'insuperabile charme. Mi ripeteva: quando c'è qualche idea di Eugenio che non ti convince è inutile prendere le cose di petto, bisogna dire: « Vediamo, valuteremo, ci penseremo ».

*In che modo Caracciolo e Agnelli erano diversi?*

Agnelli aveva un'intelligenza più brillante, più pronta, ma vana: una volta che aveva capito un problema, lo abbandonava. Caracciolo aveva più sostanza. Agnelli era più estroverso, Caracciolo non ci teneva a primeggiare in società. A Carlo piacevano le belle ragazze, ma non gli importava che fossero la moglie di un presidente degli Stati Uniti. Per Agnelli era diverso. Le racconto questo episodio. Prima di trasferirsi in collina, la famiglia Agnelli abitava in un palazzo del centro di Torino, di cui un appartamento o due venivano affittati. Andò a stare lì la famiglia De Benedetti. Una sera Carlo De Benedetti, adolescente, rientrando a casa incontra sul portone Gianni, che era più vecchio di lui di una decina d'anni. Non era solo, lo accompagnava Anita Ekberg, niente meno. Carlo, all'apparizione di quella dea bionda, già famosa, ovviamente rimane a bocca aperta. E Gianni lo liquida così: « Va', va' a farti una doccia ». Agnelli ci teneva ad avere come amica una Anita Ekberg.

*Suo padre voleva che lei facesse il magistrato. I giornalisti, lei scrive, non hanno mai goduto di buona fama.*

È un mestiere in cui ci si fa gli affari degli altri ed è difficile svolgerlo con riguardo verso il prossimo. È un'attività in declino, i cattivi comportamenti sono diffusi.

*Che impressione le fanno i contrasti tra gli azionisti del* Corriere?

Anche quando io facevo il direttore del *Corriere* c'erano contrasti tra gli azionisti. Ma che differenza! Giulia Maria Crespi si occupava molto del *Corriere*, ma rispettosamente, senza invadere la mia sfera. Temeva che il direttore di turno per vendere più copie scadesse nello stile e nei modi. Non le importava che il giornale vendesse molto, ma che fosse autorevole e dignitoso sì. Ci fu un dramma incredibile una volta in cui pubblicammo un disegno di un bue con indicate le varie parti da mangiare. Mi chiamò: « Ma sei impazzito? Un bue sulla prima pagina del *Corriere*? »

*Lei licenziò Indro Montanelli dal* Corriere. *Se n'è pentito?*

Sì, anche se lui se l'era cercata. Intendiamoci: Indro era il più grande di tutti. Aveva una debolezza: la vanità. Era elegante, intelligente, spiritoso. Il licenziamento è stato una misura drastica: il danno del suo allontanamento è stato troppo grande per il giornale. Andò così: Montanelli rilasciò un'intervista a Cesare Lanza in cui diceva che il *Corriere* non valeva più niente e che io ero un pessimo direttore. Al di là dei miei sentimenti personali, era in ballo la lealtà nei confronti del giornale e della redazione. Come si faceva a sopportare che una firma così importante dicesse quelle cose del *Corriere*? Sul licenziamento eravamo d'accordo sia io sia gli editori: i Crespi, Agnelli e Moratti. Per rispetto andai a casa sua, per dirglielo di persona. Appena mi vide mi disse: « Piero, lo so, ho sbagliato ». E io: « Indro, questo è uno sbaglio senza ritorno ». Lui era afflitto e io anche: abbiamo versato qualche lacrima entrambi. È stato un momento di commozione. Io gli volevo bene e lui amava il *Corriere*: si era reso conto che Lanza gli aveva fatto dire delle cose inopportune. Lui scrisse quel giorno stesso una lettera al *Corriere* per dire che io avevo deciso di licenziarlo contro il mio parere per volontà dell'editore. Lo chiamai e gli dissi: « Sono convinto della necessità di allontanarti». Pubblicai la lettera precisando la mia posizione. I rapporti si ruppero, finché una volta in tv io dissi una cosa che pensavo, cioè che lui era il più grande giornalista italiano. Mi chiamò da Cortina e ci fu una pace, anzi una tregua.

*23 marzo 2014*

## *Il giovanilismo nella storia non ha mai pagato*
## Incontro con Giovanni Sartori

Volevo intervistare Giovanni Sartori da quando ho letto *Homo videns*, alla fine degli anni Novanta, anche perché smontava la tesi sulla democraticità della televisione, accessibile alle masse e meno elitaria di altri media. E poi perché in quel libro diceva anche che se la democrazia è stata spesso definita un governo di opinione, questa definizione diventa davvero calzante con l'avvento della video-politica. « Oggi il popolo sovrano 'opina' soprattutto in funzione di come la televisione lo induce a fare. E nel pilotare l'opinione il potere del video si pone davvero al centro di tutti i processi della politica contemporanea. » L'analisi avrebbe dovuto indurmi a cambiare idea sul mestiere che volevo fare, visto che « l'uomo che legge è in rapida caduta, sia che si tratti del lettore di libri come del lettore di giornali ». Ma non è stato un deterrente sufficiente.

Le mie chiacchierate con il professor Sartori in questi cinque anni di *Fatto* sono state tante e molto tecniche: sistemi elettorali, alleanze, riforme. E non è mai capitato che una sua intervista non desse un titolo forte. In Sartori mi è sempre piaciuta molto l'assenza di timore, di tentennamenti, di prudenze: è sempre sicuro al cento per cento di quello che dice. E non è mai successo che lo trovassi impreparato sugli ultimi sviluppi di una notizia politica: aveva sempre già letto tutti i giornali.

Per questo quando sono andata a trovarlo per i suoi novant'anni gli ho chiesto di raccontarmi la sua vita, di cui conoscevo la parte ufficiale, quella degli incarichi accademici, dei libri, degli articoli sul *Corriere della Sera*, mentre di tutto il resto sapevo assai poco. Così è iniziata una narrazione lunghissima, come il Secolo breve. Dagli anni del fascismo – e della formazione – a quelli della contestazione. Del Sessantotto, dei « cineforum e i dibattiti mai concessi allora» avevo parlato anche con Magris: entrambi sono sulle stesse posizioni. Cioè convengono che in quel momento, mentre si cercano di spazzare via ingiustizie sociali e intollerabili privilegi baronali, si compie un delitto definitivo ai danni delle istituzioni di alta formazione. Il voto politico, che avrebbe dovuto sancire un sacrosanto diritto all'istruzione, ha sancito solo un incomprensibile diritto all'ignoranza. Altro che *imagination au pouvoir*! Gli effetti sulla nostra società – ma anche sulla vita culturale e sulla capacità di produrre un qualunque discorso critico – sono sotto gli occhi di tutti. L'aneddoto sul primo – e unico – incontro con Matteo Renzi, poi, spiega benissimo, in una manciata di parole, il presidente del Consiglio. *Enfin*, a Cesare quel che è di Cesare: Isabella, la moglie del professore, ha affettuosamente vegliato sulla nostra chiacchierata, evitandoci digressioni inutili e perdite di tempo. Per questo, ho lasciato traccia della sua presenza alla fine dell'intervista.

Nel suo diario Cesare Pavese annota: «La politica è l'arte del possibile. Tutta la vita è politica». Una frase – vien da pensare sulla porta di casa di Giovanni Sartori – che si adatta benissimo al professore in procinto di compiere novant'anni. Apre la porta Isabella Gherardi, artista e (innamoratissima) moglie di Sartori: difficile dire se in queste stanze inondate dalla luce del pomeriggio ci siano più libri (del prof) o quadri (di Isabella). Ed è lei che suggerisce il primo aneddoto di una lunga serie: il giovane Vanni faceva l'allenatore di salto sugli sci all'Abetone. La storiella ha un retroscena politico, ovviamente.

Il professore lo racconta così: «Non andavo mai alle adunate. Pertanto fui convocato dalla commissione disciplinare del Pnf da un signore piemontese di nobili casati. Mi chiese perché non mi presentavo mai alle riunioni. Raggiungemmo quest'accordo: io non andavo alle adunate perché allenavo la squadra di sci. Ero uno slalomista, ma tra le specialità c'era anche il salto sugli sci: così portavo dei contadinotti sopra il trampolino e quasi dovevo dar loro un calcio per convincerli a buttarsi. Quasi tutti, ahimè, finivano all'ospedale». E prosegue così: «All'inizio del '43 avrei dovuto essere reclutato, ma la mia chiamata alle armi avvenne solo nell'ottobre, quando era già stata proclamata la Repubblica di Salò, alla quale certo io non mi volevo unire. Prima mi sono chiuso in una villa nella campagna attorno a Firenze, poi i tedeschi cominciarono a rastrellare anche da quelle parti. Una notte scappai per i prati: feci una lunga camminata fino alla città e mi chiusi in una stanza della casa dei miei nonni. La pena per i disertori era la fucilazione, ma anche chi nascondeva un disertore rischiava la vita. Per parecchi mesi restai rintanato lì, senza nemmeno affacciarmi alla finestra, finché Firenze non venne liberata dall'occupazione tedesca nell'agosto '44. Che potevo fare tutto il giorno? Leggere. Mi misi a leggere Hegel, Kant, Croce e Gentile. Siccome erano quasi tutti autori difficili e noiosi, di notte dormivo alla grande. Negli anni successivi, scrissi che da Kant a Hegel si passa dalla fotografia alla cinematografia del pensiero. Il bello di Hegel è che era quasi indecifrabile: quando finalmente pubblicarono le sue annotazioni capimmo che le interpretazioni del suo pensiero erano quasi tutte sbagliate».

*Poi la guerra finì.*

Mi laureai in gran fretta in Scienze politiche e sociali, nel 1946, con una tesi sulla scuola storica del diritto. In quella seconda metà degli anni Quaranta, l'università era quasi un deserto: moltissimi professori erano sotto inchiesta per collaborazione con il fascismo. Erano la maggioranza, visto che avevano rifiutato di giurare solo in dodici. L'università fu portata avanti dai più giovani, come Giorgio La Pira.

*Eravate amici con La Pira?*

Era un tipo spassoso, ridevo molto con lui. Parlava velocissimo e lo capivo a stento. Una volta intervenne a un convegno organizzato dalla Ceca, la Comunità europea del carbone e dell'acciaio: alla fine andai a dirgli che grazie al traduttore francese avevo finalmente capito un suo discorso! Sarà stato anche un santo, ma certo un santo furbo... Vedi la sceneggiata dei suoi mantelli: quando era sindaco e d'inverno vedeva un povero, si toglieva il tabarro e glielo dava. Pochi sanno però che era il Comune che li ordinava e li pagava. Una volta penetrai nella sua cella, bella tra l'altro, al convento di San Marco: mi serviva un libro della biblioteca che risultava in prestito a lui da anni. Non comprava libri, né li restituiva mai. Forse era un sant'uomo, ma anche un po' imbroglione. Entrò nella prima tornata di concorsi universitari dopo la guerra, quando era facile, ma di Diritto romano, la sua materia, ne sapeva poco. Anch'io ero a volte in commissione di esami con lui: come dicevo, di professori ce n'eran pochi. Ricordo che l'interrogazione si svolgeva così: La Pira faceva una domanda, il candidato rispondeva spesso sbagliando (e lui pure). Allora Cugia, l'altro ordinario di Diritto romano, gli diceva: « No, La Pira, le cose non stanno così ». Fece anche fallire la clinica Palumbo: a forza di fare il francescano, senza calze e con i sandali, s'ammalò. E si fece ricoverare nella clinica del professor Palumbo dove si fece sistemare all'ultimo piano, che occupò completamente attorniato da suore e suoricelle. Non se n'andò mai, e la clinica fallì.

*Torniamo al giovane Sartori.*

Ero considerato un *enfant prodige* e diventai subito assistente di Pompeo Biondi, che insegnava Teoria generale dello Stato: un uomo intelligente, davvero brillante. Però non c'era quasi mai e i corsi li tenevo io al suo posto. A un certo punto si nascose anche in campagna dopo essere scappato con la moglie del suo migliore amico, il quale disse che lo avrebbe ammazzato: e lui si guardò bene dal farsi vedere all'università. A un consiglio di facoltà del 1950 il preside, Giuseppe Maranini, propose un giovane promettente: Giovanni Spadolini, che all'epoca aveva venticinque anni. E promettente lo era davvero: sarebbe diventato direttore del *Corriere della Sera*, presidente del Consiglio, presidente del Senato, mancando di un soffio la Presidenza della Repubblica. Maranini lo definì « un genio » e siccome Pompeo Biondi non poteva essere da meno, decise di lanciare me come suo « contro-genio ». Il compromesso fu « tutti e due » – sia Spadolini sia Sartori – e così venni nominato di punto in bianco « professore incaricato ». Solo il giorno successivo venni a sapere che avrei dovuto insegnare Storia della filosofia, cosa che poi feci per sei anni, fino al '56. Da allora, ho sempre creduto che la fortuna e il caso contino moltissimo nella vita, non meno della virtù.

*E la Scienza politica quando arriva?*

Mi ostinai a volere una cattedra di Scienza politica che non esisteva negli statuti delle università. Ebbi vita dura. Bisognava rivolgersi al Consiglio superiore dell'istruzione e allora l'incaricato del ministero era Carlo Antoni: crociano, uomo di grande cultura ma timidissimo. Purtroppo gli erano note le mie opinioni critiche su Croce e dunque andai da Antoni tremebondo, sapendo che dovevo strappare da un crociano l'assenso per una materia che secondo Croce non esisteva. Me la cavai così: « Lei professore insegna Filosofia della storia, materia che secondo Croce non esiste. Potrebbe consentire anche a me d'insegnare un'altra materia che non esiste, la Scienza politica? » L'argomento lo convinse e così in Italia fu istituita la cattedra di Scienza politica.

*È stato preside negli anni della contestazione studentesca.*

Sì, me lo chiesero i colleghi, sapendo che ero un combattente. Misi un paio di condizioni: cioè che gli altri insegnanti mi avrebbero dovuto sostenere senza defezioni e che io sarei stato l'unico a intervenire alle assemblee degli studenti. Era un mestiere ingrato, nessuno lo voleva fare. Qualche volta dormii anche in facoltà. Quando scoprii che gli studenti facevano telefonate addirittura in Cina tolsi il telefono, d'inverno staccai anche il riscaldamento: tutti i rivoluzionari sparirono in un secondo. Non feci mai entrare la polizia, ma la tenevo sempre fuori dalla porta.

*Gli studenti non l'avranno amata molto...*

La peggiore ingiuria contro di me fu « Giovanni Sartori come Monaldo Leopardi ». Non me l'ero cavata male... Li fregai perché dissi loro: « Io sono il primo insegnante di Scienza politica in Italia, se perdo distruggo la mia materia ». Tutti i professori facevano lezione regolarmente e misi regole alle assemblee. Alla fine indissi un referendum tra gli studenti, il quesito era: « Volete fare regolarmente lezione? » Vinse trionfalmente il sì e la contestazione da me finì. Fu così che non ancora quarantenne vinsi una medaglia d'oro per i benemeriti della scuola e della cultura, un'onorificenza da professore ottuagenario...

*Quegli anni, « formidabili », sono stati mitizzati. Eppure il Sessantotto ha fatto danni incalcolabili all'università: è d'accordo?*

L'ha distrutta. I sessantottini si dividono tra gli imbecilli che sono rimasti tali e i furbacchioni che hanno fatto carriera dimenticando il loro passato.

*Com'è arrivato in America?*

Erano gli anni Settanta. Mi arrivarono due offerte in contemporanea: una da Oxford e una da Stanford. Sarei andato volentieri in Inghilterra, ma la proposta economica degli americani era molto più alta. Ero già stato negli Stati Uniti negli anni Cinquanta, perché avevo vinto una borsa di studio. C'ero andato in transatlantico da Genova, sul *Saturnia*. Incappammo in una tempesta terribile, tanto che la nave arrivò con un giorno di ritardo. E non era un pattino, pesava ventinovemila tonnellate! Tutti vomitavano, a parte me e un altro signore che incontravo quando uscivo sul ponte a prendere un po' d'aria, nonostante l'uragano. Quel signore era Salvador Dalí.

*Poi ci è tornato, in aereo.*

Certo. A Stanford sono stato tre anni. Avevo una casa stupenda, a Palo Alto, con una piscina quasi olimpionica. Al mattino mi svegliavo e mi facevo subito un bagno. In tre anni ho sentito solo una volta piovere, di notte. Poi la Columbia mi fece un'offerta che, come avrebbe detto il Padrino, non si poteva rifiutare. Era la più importante cattedra di New York, mi triplicavano lo stipendio e avevo anche una segretaria personale. Così divenni Albert Schweitzer professor in the Humanities alla Columbia University, dove dal 1994 sono professore emerito. Era, naturalmente, un posto molto ambito.

Quando si dice trovare l'America...

*Chi incontrò in quegli anni?*

Ronald Reagan l'ho conosciuto bene dopo i suoi due mandati da governatore della California, quando già si sapeva che aveva intenzione di correre per la Casa Bianca. Era, come me, *fellow* dell'Hoover Institution di Stanford. L'ho visto spesso in accese discussioni con gli studenti, che ovunque, anche in America, sono di sinistra. E lo attaccavano duramente durante le conferenze. Ma lui era bravissimo, affrontava il fuoco e li scornava dati alla mano. Ci trovavamo spesso a pranzo: un piacevole conversatore. Quando mi chiedevano di lui dicevo: «È molto simpatico, peccato che sia già arteriosclerotico». Sapeva tutto della California, ma se andava in Nevada era già perduto. Neanche a farlo apposta diventò presidente: sono andato spesso a trovarlo a Washington. Vorrei dire in sua difesa che aveva un formidabile istinto politico. A Stanford c'era anche Edward Teller, uno degli inventori della bomba atomica, padre dello scudo spaziale, l'uomo che riuscì a convincere Reagan – e pure i sovietici – che l'America avrebbe potuto difendersi da attacchi di missili balistici con testate nucleari. In sostanza la Guerra fredda finì grazie a una balla di Teller e alla credulità di Reagan.

*Altri amici americani?*

Oriana Fallaci, una donna terribilmente nevrotica ma di grande talento. La conoscevo da quando aveva sedici anni, siamo stati amici tutta la vita: credo che solo con me non abbia mai litigato. A New York andavo spesso a cena da lei, che era una bravissima cuoca. Una volta nel suo salotto m'avvicinai alla macchina da scrivere e lei mi aggredì urlando: « Mi rubi le idee ». Sull'uscio del suo ufficio, sulla 57esima strada, c'era un cartello con scritto GO AWAY. Quando si ammalò la convinsi ad andare allo Sloan Kettering, il centro più importante del mondo per la cura del cancro. La portai io: all'ingresso, la segretaria le diede un modulo ma lei si rifiutò di compilarlo. Mi disse: « Io sono Oriana Fallaci, non riempio questionari ». Cosa che ribadì anche al medico, che naturalmente la mandò via. Al Kettering ci è tornata due anni dopo, ma era troppo tardi.

*Lei è rientrato in Italia nel '94, un periodo di grandi cambiamenti politici.*

Compivo settant'anni e il mio mandato di insegnamento terminava. Ma ho continuato a lungo a fare la spola con New York. Tornato qui, per un certo periodo ho avuto rapporti stretti con D'Alema. Un uomo intelligentissimo, anche se politicamente non ne ha vinta una: è un dato di fatto. Ha il difetto di essere un complottista. Ero riuscito a convincerlo che il sistema migliore era quello francese. Lui mi disse: « Va bene professore, la autorizzo a sondare i partiti a mio nome ». E io lo feci: erano tutti d'accordo.

*Andò anche da Berlusconi? È riuscito a dare del comunista perfino a lei.*

Sì andai, *obtorto collo*, anche da lui. M'invitò a cena, con una ventina di persone, incluso il mio allievo Giuliano Urbani, e mi regalò anche una bottiglia di liquore. Berlusconi è come un incantatore di serpenti: e se il serpente obbedisce, bene. Altrimenti lui lo cancella. Comunque alla fine mi disse: « Può riferire a D'Alema che sono d'accordo ». Il giorno dopo mi precipitai da D'Alema e gli consigliai di cogliere al volo l'occasione, perché Berlusconi poteva cambiare idea da un momento all'altro. Però era successo qualcosa: D'Alema era stato poco prima in Israele e gli piaceva il modello di premierato forte di quel Paese. Mi disse: « Si occupi dei suoi studi, alla politica ci penso io ». Per parecchi anni non ci siamo rivisti. Poi ho ricevuto la laurea *ad honorem* a Urbino. Lui era tra i relatori e fu molto bravo e simpatico. Sulla Bicamerale voglio dire una cosa, perché ora se ne danno versioni sbagliate. Non la fece saltare D'Alema, ma Berlusconi al quale premeva soltanto una garanzia di immunità giudiziaria.

*Parlando con Gad Lerner, di Renzi lei ha detto: « È un peso piuma malato di velocismo. Vende velocità che non può rispettare. Sono cose che incantano il pubblico: un mese faccio questo, un mese faccio quello. Fa ridere, io ho molti dubbi. L'uomo è molto contento di se stesso e questo gli dà forza, ma temo che si sgonfierà rapidamente nel fare ».*

Guardi, il giovanilismo nella storia non ha mai pagato. È sempre servita una giusta miscela di esperienza e innovazione, di vecchi e giovani. Renzi ha messo su un governo con gente assolutamente incompetente. Lo dico perché di certe materie me ne intendo.

*Siete entrambi fiorentini: lo conosce?*

Un giorno andai a ritirare un premio a Firenze, in una trattoria storica che ogni anno regala un prosciutto. Appena entrato mi si fece incontro un signore che non conoscevo, insieme a un sacco di fotografi: mi baciò per le telecamere e senza presentarsi se ne andò. Era il candidato sindaco Matteo Renzi: non l'ho mai più rivisto.

*Invece conosce bene il presidente Napolitano.*

È stato il più riformista del Pci, il loro capo migliorista. L'ho conosciuto quando venne in America; allora fu bravissimo. Sono stato al Quirinale a pranzo da lui poco tempo fa. Il punto è che fa una vita faticosissima ed è molto invecchiato. Ormai ha la rigidità delle persone anziane e lo dico da coetaneo. Sono dispiaciuto perché lui ha bocciato il sistema francese: è un vecchio parlamentarista.

*Lei è uno dei più longevi editorialisti del* Corriere della Sera.

Iniziai a collaborare con Spadolini, alla fine degli anni Sessanta. Nel ventennio americano però di fatto non ho mai scritto: ho ricominciato quando sono rientrato. Tutte le volte che cambiava il direttore, mandavo una lettera di dimissioni: un editorialista deve avere la fiducia del direttore. Mi è sempre stata respinta, anche da Piero Ottone, il direttore che venne dopo Spadolini. Allora eravamo molto lontani. Oggi, leggendolo, vedo con piacere che ci siamo molto avvicinati.

*L'ultima è una domanda personale: si è sposato da pochi mesi. Ci racconta come ha fatto a conquistare sua moglie Isabella? Vi siete sposati da poco e lei è molto più giovane.*

Ah no, io a questo non rispondo. *[Ma al suo posto lo fa Isabella.]* Ci siamo conosciuti negli anni Novanta a una festa: io rimasi colpitissima da lui, ma non fu reciproco. Poi tre anni fa andai a un convegno perché dovevo fare delle foto a Philippe Daverio per *Il Corriere Fiorentino*. C'era anche Giovanni e finalmente ci presentarono. Cominciammo a parlare. All'uscita pioveva, io avevo un ombrello grandissimo, sotto ci poteva stare un'intera famiglia islamica. Lui mi disse: « Perbacco che bell'ombrello ». Gli lasciai il numero di telefono sperando che mi richiamasse, ma non lo fece. Scoprii dopo che gli avevano rubato l'agenda...

Per fortuna mi feci viva io. E pochi mesi dopo, con una scusa, lo andai a trovare a New York. Anche lì pioveva a dirotto. Per l'agitazione di ricevermi gli venne la febbre a trentotto, per cena mi offrì una zuppa di pomodoro in scatola, marca « Progreso ». Ma fu una delle più belle cene della mia vita.

*5 maggio 2014*

## *Perché si vuol manomettere la Costituzione*

## Incontro con Stefano Rodotà

C'è una premessa della premessa. Il 29 maggio 2012, nove giorni dopo la prima scossa, in Emilia la terra trema ancora. Così tanto che anche a Milano scendiamo in strada: il giornale mi manda subito a Mirandola, l'epicentro del sisma. E faccio in tempo ad arrivare sul posto per la seconda fortissima scossa delle tredici. Resto lì tre giorni, tra le macerie e le lacrime, le tende, la paura e i morti.

Intanto, in quegli stessi giorni, su *Repubblica* Eugenio Scalfari lancia l'idea di una lista di « laici per il Pd » patrocinata da Roberto Saviano. In un'intervista successiva fa anche il nome di Stefano Rodotà, uomo « animato da indubbio spirito di servizio. Sarebbe forse disponibile a candidarsi in una lista del tipo che abbiamo ipotizzato. Mi sento di escludere in maniera pressoché certa che potrebbe accettare di correre sotto il simbolo del Pd ».

Il giorno dopo, è sabato, ho lasciato l'Emilia. Il direttore mi manda un breve sms al mattino presto: « Senti Rodotà? » Il professore mi risponde subito e con la consueta sincerità: « Sono molto perplesso. Può darsi che queste liste siano utili, ma a me non piacciono. Francamente non mi entusiasmano. Sono ipotesi un po' campate in aria o che danno per scontato il fatto che la legge elettorale non si cambia. » Insomma: grazie ma no, né con il Pd né con una lista esterna. « Sono grato a Scalfari perché fa dichiarazioni molto lusinghiere nei miei confronti: voglio chiarire che non l'ho trovata un'aggressione o un'indebita interferenza. Anzi un atto di grande considerazione ».

Alla fine dell'intervista, che si è svolta in un hotel di Genova dove trascorrevo il fine settimana, forse scombussolata dai giorni faticosi del terremoto, butto lì una cosa che avevo adocchiato in rete, ma che è soprattutto una mia segreta speranza. E dico a Rodotà: « Si fa il suo nome per la Presidenza della Repubblica ». Lui scoppia a ridere, davvero sorpreso. E risponde: « Ma cosa vuole, se ne dicono tante ». Non era una profezia, era proprio un desiderio. Così nell'aprile 2013, durante gli inquietissimi giorni della rielezione di Napolitano, ho fatto un tifo pazzesco per Rodotà: penso ancora oggi che la sua elezione al Colle sarebbe stata in qualche modo rivoluzionaria, anche solo perché avremmo abbandonato la strada di una *Realpolitik* fin troppo cinica, fin troppo *real*. Senza più una bussola, non dico valoriale, ma almeno istituzionale. Una cosa mi tranquillizzava dell'ipotesi Rodotà al Quirinale: la sua storia. È un signore di cui se dovessi dare una definizione sintetica direi semplicemente che « vuol bene alla Costituzione ». E questo mi è sempre bastato. Siccome il professore non è tipo che si tira indietro, sappiamo bene quali sono le sue posizioni, quali le battaglie (in difesa dei diritti, soprattutto) combattute in questi anni, da che non ricopre più cariche pubbliche. Per questo nelle pagine che seguono gli ho domandato pochi giudizi sulle questioni attuali e molto della sua vita. Per cercare di capire, ripercorrendo le tappe di una lunga esistenza molto politica, come alcune cose si siano potute deteriorare tanto (per esempio il Parlamento, dove ormai siamo abituati a vedere spettacoli di ogni tipo). Ma anche da dove nasce questa voglia di mettere le mani sulla Carta. Ho scoperto che viene da lontano, dagli allegri anni craxiani. Il guaio è che i baluardi a salvaguardia della Costituzione sono sempre meno. E vengono anche irrisi: professoroni, appunto. Ma non per questo si scoraggiano. Lo stesso Rodotà prosegue la sua battaglia contro la riforma costituzionale e la nuova legge elettorale. Mentre questo libro era in bozze l'ho nuovamente intervistato sul *Fatto* e tra le altre cose mi ha detto: « L'ultimo articolo della Carta dice che la forma repubblicana non è modificabile. Non significa solo che non si può tornare alla monarchia: si vuol dire che la forma di Stato delineata dalla Costituzione – una delle nuove costituzioni del Dopoguerra, segnata dal passaggio da Stato di diritto a Stato costituzionale dei diritti – è una combinazione tra repubblica parlamentare e repubblica dei diritti. Se si abbandona questa strada, si rischia di uscire dall'art. 139 modificando la forma repubblicana, ritenuta invece un limite invalicabile».

L'intervista si è svolta in un pomeriggio caldo di agosto a Orvieto. C'era anche Carla, la moglie del professore, che ha dato un prezioso contributo alla chiacchierata e alla ricostruzione degli episodi.

Siccome nell'*Eugénie Grandet*, Balzac mette in guardia dall'adulazione («Non appartiene alle anime grandi, ma è appannaggio di quelle meschine. L'adulazione presuppone un interesse»), non diremo a Stefano Rodotà che moltissimi rimpiangono la sua mancata elezione al Colle. Ma forse è solo la verità dire che ora, nei tempi delle riforme costituzionali *last minute*, l'Italia avrebbe bisogno di quel garantismo che è stata la cifra di una lunga esistenza. E che viene da lontano. «L'unico momento in cui mi sono visto riconoscere una sorta di continuità genetica con l'origine *arbëreshë* dei miei avi fu quando Cesare Luporini mi disse: 'Ho capito tutto questo tuo garantismo, vieni da una minoranza oppressa'. Anche se non posso dire di essermi portato dentro un pezzo di quella cultura.» Soprattutto ci sono i libri, nei ricordi del professore. Una casa, quella dei nonni a Cosenza, invasa da volumi catalogati, stanza per stanza, in ordine cronologico. «Da ragazzino, li divoravo, soprattutto quelli di varia letteratura, storia e filosofia. Quelli di diritto invece li snobbavo proprio.»

*Poi però ha scelto Giurisprudenza.*

Mi domando ancora oggi perché. Gli unici due zii che avevano studiato Legge si erano laureati ma poi avevano fatto altro. M'interessava il rapporto con la realtà, come si organizza lo Stato. Mi sono convertito al Diritto privato per Alberto Asquini, le cui lezioni di Diritto commerciale erano apparentemente noiosissime, ma dimostravano dall'interno come funzionava il meccanismo del diritto. Poi mi sono laureato con Emilio Betti, un grandissimo giurista: uomo severissimo e rigorosissimo. C'è un paradosso, perché entrambi erano stati molto legati al fascismo: Asquini era stato addirittura sottosegretario. Betti si era esposto durante la Repubblica di Salò, con articoli sul *Corriere della Sera* in cui giustificava le esecuzioni dei partigiani con argomentazioni giuridiche e formali. Lui era marchigiano, nei giorni della Liberazione, a Giuseppe Ferri – partigiano e docente di Diritto commerciale – dicono: 'Hanno preso un professore'. Ferri capisce subito che si tratta di Betti, si precipita dal comandante della brigata partigiana e gli dice: 'Ma è un professore, lasciamolo perdere'. Quello gli dice: 'Il tuo professore ha scritto cose gravissime, adesso lo fuciliamo'. Vanno a parlargli. E Betti ripete le sue tesi, parola per parola. Alla fine questo contadino comandante partigiano dice a Ferri: 'Il professore non ci sta con la testa, portatelo via'. La mia vicenda accademica è stata poi segnata dall'incontro con Rosario Nicolò, uomo generoso e aperto all'innovazione culturale.

*Cos'era Roma per un ragazzo che arrivava dalla Calabria negli anni Cinquanta?*

Per me era la Biblioteca nazionale, era andare al cinema. Precisamente al Circolo del cinema Charlie Chaplin, che era quello di sinistra i cui spettacoli si tenevano la domenica mattina al cinema Rialto in via IV Novembre: tu andavi lì e incontravi Moravia e Pasolini. A Roma c'era un'infinità di cose da fare, da vedere. Sono partito da Cosenza con una certa premeditazione. Non volevo tornare. Poi c'è stato l'incontro con la politica: al terzo anno, non avevo ancora compiuto ventun'anni, scopro che esiste l'Ugi, l'Unione goliardica italiana. M'incuriosiva. Allora l'Ugi si trovava a metà di via del Tritone, in un palazzetto dove c'era la sede dell'Associazione italiana per la libertà della cultura presieduta da Ignazio Silone. Arrivo e in fondo alla sala si alza un tipo, piccolino, e mi viene incontro: era Tullio De Mauro. Così entro in questo giro e chi conosco, tra i primi? Marco Pannella. Comincio a frequentare l'Ugi, che nel frattempo si dota di una giunta, presieduta da un cattolico, e io divento vicepresidente degli organismi rappresentativi, cioè del parlamentino. C'erano anche fondi a disposizione: insomma era un piccolo partito universitario. Presiedo l'Unione goliardica romana, quando Togliatti decide di sciogliere l'organizzazione universitaria comunista e di far confluire gli iscritti nell'Ugi, che era molto laica. All'interno dell'Ugi c'erano molte resistenze ad accogliere i comunisti. Ed è proprio l'associazione romana a fare da cavia, per vedere come vengono accolte le domande dei comunisti. I primi ad arrivare sono due ragazzi che si chiamano Alberto ed Enzo. Di cognome Asor Rosa e Siciliano. Marco Pannella invece era liberale, ma a me non interessava. A quel mondo mi sono avvicinato, perché m'interessava molto Ugo La Malfa, che ho conosciuto bene nonostante la differenza d'età. Era un vero politico, di straordinaria vivacità. In realtà nemmeno il Partito repubblicano m'interessava.

*Però il Partito radicale sì.*

Ci arrivai attraverso *Il Mondo*. Marco mi dice: « Raimondo Craveri fa una rivista, *Lo spettatore italiano*, andiamo a trovarlo ». E così andiamo in questa casa bellissima di piazza Santi Apostoli. Lì conosco Elena Croce, figlia di Benedetto e moglie di Craveri: una donna intelligentissima, spiritosa, interessatissima ai giovani. Elena un giorno annuncia a me e Tullio: « Voglio presentarvi Pannunzio ». Così andiamo in via di Campo Marzio dove c'era la sede del giornale. Pannunzio era circondato da una fama di grande intransigenza: aveva fatto riscrivere l'articolo sui fratelli Cervi a Einaudi, presidente della Repubblica. Non concedeva niente a nessuno. A un certo punto dell'incontro ci dice: « Pensate a farmi qualche proposta ». Avevo ventitré anni. *Il Mondo* per noi allora era una passione quasi morbosa, avevamo un'adorazione per questa impresa straordinaria. Tanto che andavamo alla stazione, la notte prima dell'uscita del giornale, a comprare le copie appena arrivate in edicola.

*E fece qualche proposta a Pannunzio?*

Certo! Scrivo subito un articolo sulla mia facoltà, e lo porto in redazione. Due settimane dopo compro *Il Mondo* e in prima pagina di spalla c'è il mio articolo. Titolo: « L'ideale dei mediocri ». Sono quasi svenuto! A questo punto sono stato ammesso in quel circolo. Non ho scritto tanti articoli, ma moltissimi taccuini, cioè i commenti anonimi ai fatti della settimana che stavano nella seconda pagina. Una cosa che per me era motivo di orgoglio assoluto.

*E Silone che tipo era?*

Una persona scostante e molto antipatica. A un certo punto lui non voleva noi ragazzi tra i piedi. E allora dovemmo cercare un'altra sede. C'era il Centro culturale di Comunità, voluto da Adriano Olivetti anche a Roma, in via di Porta Pinciana 6, dove si trasferì l'Ugi e dove io passai veramente un pezzo della mia vita: ci andavo tutte le sere. E ogni tanto faceva una visita Olivetti che mi prese in grandissima simpatia. Facevamo lunghissime chiacchierate. Qualche volta passava Guglielmo Negri, che dirigeva il Centro di Comunità. E diceva: « Ingegnere, non si faccia incantare da Rodotà. Guardi che qui all'Ugi ogni tanto i libri se li rubano! » E lui: « Li rubano? Ma allora vuol dire che li leggono ». Aveva un po' ragione e un po' no: eravamo tutti senza una lira e qualcuno se li rivendeva pure.

Un anno dopo la laurea, vado in Inghilterra. È il 1957. Mi arriva una lettera di mio padre che mi dice: « Caro Stefano, ha telefonato l'ingegner Adriano Olivetti. Dice che se vai alla Barclays Bank di Londra c'è una cosa per te ». In banca c'erano trecentomila lire, un regalo per una persona che lui stimava. Al mio ritorno, Olivetti m'invita a Ivrea. Parto da Roma e viaggio tutta la notte. Arrivo a Ivrea in una giornata di novembre gelida, nebbiosa. Non era certo Ivrea la bella di Gozzano! A ricevermi c'è Ottiero Ottieri, che poi avrebbe raccontato questa sua esperienza di reclutatore in *Donnarumma all'assalto*. Ottieri invece di invogliarmi, mi fa un discorso sulla tristezza dell'intellettuale chiuso a Ivrea. Alla fine dissi no, anche se l'offerta economica era molto generosa. Avevo deciso che quello che mi piaceva fare era studiare. Ero già assistente, non avevo un incarico fisso, ma allora la carriera universitaria era scandita dai tempi e uno si poteva programmare la vita, non certo come adesso. Ho avuto la fortuna di poter fare quel che più mi piaceva, in primo luogo nella ricerca e nell'insegnamento, con un progetto di reintegrare il diritto in un più largo contesto culturale che mi sono poi portato in giro per il mondo.

*La passione per la politica continua.*

È stata intensissima negli anni universitari, ed è proseguita nel rapporto col *Mondo*. Quando il giornale diventa il motore della scissione nella sinistra liberale e della costituzione del Partito radicale, io che non avevo mai bazzicato nei partiti, trovo l'esperienza interessante. *Il Mondo* si schiera fortemente a favore della Legge truffa, su cui mia moglie ha scritto un libretto. Carla ogni tanto mi dice: « Ma che cosa ho fatto! Ho trattato così male dei signori perbene. Guardando cosa succede oggi con il Porcellum e tutto il resto, dovrei chiedere scusa! » Comunque *Il Mondo* si schiera incondizionatamente a favore della Legge truffa. La frase: « Turatevi il naso e votate i laici alleati con la Dc » è di Gaetano Salvemini, che la dice in quell'occasione. Ma allora io stavo dalla parte di quelli che si opponevano. Il riferimento per me fu il raggruppamento creato da Parri, Calamandrei e Jemolo, cioè Unità popolare, che fu importante per impedire che scattasse il 50,1 per cento che avrebbe dato il tanto vituperato premio di maggioranza che, paragonato alle attuali proposte, era un modello di democrazia.

*La sua carriera di commentatore comincia allora?*

Nella prima fase del Partito radicale sono stato molto attivo.

Con il caso Piccardi – ex ministro del governo Badoglio, di cui si scoprì la partecipazione a un convegno con i nazisti – il partito si spacca. E Marco ne raccoglie la bandiera con Ernesto Rossi. Ma io non li seguo. In quegli anni comincio a scrivere sui giornali: prima per *Il Globo*, diretto da Antonio Ghirelli e sul quale scriveva mia moglie, poi per *Il Giorno* di Afeltra, poi su *Panorama*, dove ho tenuto una rubrica settimanale fino all'avvento di Berlusconi. Ogni settimana ricevevo reazioni, molte telefonate di politici. In quegli anni ero molto vicino al Partito socialista di De Martino, anche se non sono mai stato iscritto: ho collaborato allora con vecchi amici come Giuliano Amato, Enzo Cheli, Federico Mancini, Gino Giugni, Gianni Ferrara. Ricordo benissimo uno dei primi scioperi della fame di Pannella. Una notte suonò il telefono tardissimo: era De Martino, preoccupatissimo. « Rodotà, faccia qualcosa. Quello mi muore. » Una volta scrissi una rubrica per criticare Pertini, allora presidente della Camera, che non convocava il Parlamento in seduta comune per eleggere un giudice costituzionale. La questione riguardava Lelio Basso, sul quale c'era un veto della Dc e soprattutto una fortissima e antica antipatia di Pertini. Un giorno alzo il telefono: « Mi dicono che tu sei un compagno ». Era Pertini, che voleva spiegarmi le sue ragioni. E io gli risposi: « Anche a me dicono che tu sei un compagno. Ma i compagni certe cose non le fanno ». Da questa furibonda litigata è nata una profondissima amicizia.

*Perché decise di accettare la candidatura come indipendente del Pci nel '79?*

Quando cominciò la fase del terrorismo, io criticai duramente le posizioni incarnate da Ugo Pecchioli. Mi chiamò Pannella e mi offrì la candidatura. Marco lo conoscevo molto bene. Gli ho sempre riconosciuto grandi meriti: nelle sue battaglie ci ha messo tutto, anche il corpo. Però era un autocrate, non ha mai permesso che si costruisse nulla. Decise di fare l'operazione di apertura al Movimento sociale, perché riteneva che in quel momento, dopo le battaglie su aborto, divorzio, obiezione di coscienza, il partito potesse avere una capacità attrattiva verso quel mondo: non potevo candidarmi con loro. A questo punto mi chiama Luigi Berlinguer: premetto che io mi ero pubblicamente schierato contro la Legge Reale e le norme «a tutela dell'ordine pubblico». Erano i tardi anni Settanta, gli anni di piombo, io ero convintamente garantista. Ricordo un articolo di Paolo Mieli sull'*Espresso* in cui prendeva in giro il partito dei garantisti: «Segretario Mancini, vicesegretario Rodotà». Erano momenti difficili di minacce e accuse, mi dicevano «difensore dei terroristi». Luigi mi dice che l'altro Berlinguer, Enrico, mi vuole vedere per propormi una candidatura. Ma io volevo incontrare Pecchioli, che era esattamente dall'altra parte. Il 6 aprile 1979 entro per la prima volta a Botteghe Oscure. E gli dico: «Senta voglio capire i motivi di questa offerta, visto che ho preso posizioni pubbliche molto nette, facendo nomi e cognomi tra cui il suo». Pecchioli mi dice: «In questo momento le tue posizioni su diritti e garanzie ci interessano. Però se tu avessi preso posizioni diverse sul caso Moro, non te l'avremmo chiesto». Ero stato anch'io, come *Repubblica*, sostenitore della linea della fermezza, cioè ero contrario a ogni trattativa con i terroristi. Il che non mi aveva impedito di avere rapporti con la famiglia quando si cercò la via di una trattativa non con lo Stato, ma tramite terzi, come la Croce Rossa. L'idea di andare in Parlamento m'interessava: un giurista ha delle carte da giocarsi. Così decido di candidarmi. Pannella divenne una belva, Gino Giugni e Giuliano Amato erano molto sconcertati.

*L'impatto con la Camera?*

Ci ho messo quasi un anno a capire dove stavo: c'era un'altissima professionalità parlamentare, non si improvvisava. Si studiava, non si andava a orecchio: bisognava stare al passo.

Ho discusso infinite volte con Nilde Iotti. Le dicevo: « Nilde, la maggioranza si tutela con i numeri che ha, tu devi tutelare le minoranze ». Le minoranze erano le opposizioni, cioè il Pci. Ma lei non voleva dare l'impressione di avere un occhio di riguardo e poi non condivideva alcune forme di lotta parlamentare, come l'ostruzionismo. C'era un'idea del Pci, molto condivisa anche da Giorgio Napolitano, che le istituzioni dovessero funzionare. Ma come presiedeva Nilde Iotti... Aveva un'autorevolezza, qualcuno le imputava perfino un'aura regale. Entrava in aula spaccando il secondo, non tollerava sbavature. Tutto quello che abbiamo visto in questi anni – cartelloni, magliette, la mortadella, il cappio – con lei non sarebbe potuto accadere.

*In quegli anni il capo dello Stato era Francesco Cossiga. O meglio, Kossiga.*

I miei rapporti personali con Cossiga fino a un certo punto sono stati eccellenti. Chiamava così spesso a casa che a volte i miei figli si dimenticavano di riferirmi che mi aveva cercato. Mio padre ogni tanto mi chiamava e diceva: « Stefano, mi ha telefonato il presidente della Repubblica, dice che ti ha cercato ma tu non lo richiami. Richiamalo ». Lui era così. Certe sere, siccome c'è la regola che nessuno se ne può andare prima del presidente, Carla gli diceva: « Presidente, sono le tre, ho sonno ». Telefonava: « Vengo a fare una passeggiata in montagna con voi ». Purtroppo i suoi metodi erano inaccettabili. Minacciava le persone, faceva delle vere mascalzonate. Mi chiamava e mi diceva: « Di' ai tuoi amici di Magistratura democratica che se non la piantano con la storia della massoneria, faccio l'ira di Dio ». Quando andò a occupare il Csm, io ero lì. Disse contro di me: « Rodotà pratica l'indipendenza al Csm, ma non nelle piazze della Sardegna ». E citò delle località dove io ero appena stato: più che una coincidenza.

*Come sono stati gli anni di Tangentopoli visti dal Parlamento?*

Già prima di Mani Pulite, il Parlamento era diventato un luogo guardato con sospetto, non più con rispetto. La sera in cui si diffonde la notizia che la Camera aveva negato l'autorizzazione a procedere nei confronti di Craxi, esco dal Parlamento e m'imbatto in gruppi di persone furibonde: ho dovuto dire a tutti che io avevo votato a favore, erano fuori dalla grazia di Dio. Sostenere che la famosa serata delle monetine è stata organizzata è una sciocchezza. La protesta era già montata. Un giorno Vito Laterza mi chiama e mi dice: « Gianni Barbacetto ed Elio Veltri hanno scritto un libro sugli scandali della politica milanese, faresti la prefazione? Bobbio non ha voluto ». Io lo leggo, lo trovo interessante e scrivo. Apriti cielo: vengo addirittura deferito al collegio dei probiviri del partito, perché in quel libro veniva chiamato in causa anche il Pci milanese. E secondo loro come presidente del Pds non avrei dovuto scrivere la prefazione. Poi la cosa davanti ai probiviri si risolve in niente, e si scopre che il Pci milanese era coinvolto nelle vicende di Tangentopoli. Su questo ho avuto molti scontri con i vertici del Pci.

*Ce li racconta?*

Io vengo eletto presidente del Pds perché loro sbagliano i conti al congresso di Rimini e Occhetto non viene eletto, perché la maggioranza era troppo alta. Si rinvia tutto e comincia un assedio a me perché accetti di fare il presidente. D'Alema insiste molto, Ingrao anche. Tant'è che vengo eletto con maggioranza bulgara. Ma non serve a tenere insieme il partito e soprattutto a fare quello che secondo me era implicito nella Bolognina, e cioè l'apertura all'esterno. Mi ostacolano in ogni modo: il cambiamento del nome sì, l'autocritica sì. Ma chi aveva in mano il partito, voleva gestirlo esattamente come prima. Allora il partito discuteva moltissimo. Io proposi che le commissioni di lavoro fossero composte per metà da iscritti e per metà da esterni. Tutti contrari. E dicevo: ma guardate che nessuno vi verrà a chiedere nomine o candidature. La verità è che mi hanno sempre considerato un corpo estraneo.

*Già Berlinguer aveva sollevato la questione morale.*

In quell'intervista a Eugenio Scalfari parlava anche al suo partito. Per me era assolutamente evidente. Io so, perché negli ultimi anni ebbi rapporti assidui con Enrico, che voleva fare pulizia nel partito, ma anche che voleva valorizzare il contributo esterno. Ricordo il mio ultimo intervento come presidente del Pds: chiesi che il partito convocasse un'assise sulla corruzione, con gli amministratori locali. C'erano stati casi, non solo a Milano.

*Prima ha citato Napolitano. In che rapporti siete?*

Ho avuto divergenze e buoni rapporti con Napolitano, fino a ieri. Anche la vicenda della presidenza della Camera nel '92 non l'ho mai personalizzata. Sono stato il primo a congratularmi con Napolitano per la sua elezione al Quirinale. Ci sono stati rapporti cordialissimi: è venuto alle nostre nozze d'oro, siamo stati spesso al Quirinale e Castelporziano. Nella questione della mia candidatura al Colle, non ho mai pensato che avrebbe portato alla mia elezione. Però pensavo che potesse dare una scossa, per uscire dalla prigionia delle larghe intese. Soprattutto, in quel momento, la rielezione di Napolitano non era nemmeno ipotizzata. Sulla vicenda delle riforme ho sempre sostenuto la loro necessità, anche in Parlamento, fin dal 1985, a cominciare dall'eliminazione del bicameralismo perfetto. A condizione però di tutelare sempre i principi fondamentali della Costituzione, di cui il presidente della Repubblica dovrebbe sempre ricordare il necessario rispetto.

*Secondo lei Renzi avrà la forza di concludere questa riforma?*

Spero di no, ma ormai c'è un intreccio d'interessi che va oltre. Capisco che l'espressione «autoritarismo» abbia dato fastidio, ma evidentemente abbiamo toccato un nervo scoperto. Questa parola ha svelato che il re è nudo: quel che si vuole fare è modificare la Costituzione in maniera assolutamente illegittima, per realizzare un accentramento dei poteri mascherato con l'esigenza della governabilità. Se passano l'Italicum e questa riforma costituzionale la democrazia parlamentare è superata. E questo non si può fare. Io vedo un'enorme fragilità di questo governo. La riforma è peggio di quella che aveva voluto Berlusconi.

*7 settembre 2014*

## *La globalizzazione, il nuovo colonialismo*

## Incontro con Vittorio Gregotti

Sono arrivata da Vittorio Gregotti con grandi aspettative, anzitutto per il luogo in cui mi sarei trovata. E infatti il suo studio è in un bel palazzo, nel centro di Milano, la mia città d'adozione. La cosa più bella l'ho scoperta quando mi hanno portato nella sala riunioni: dà su un giardino interno che è davvero un giardino, non un fazzoletto di verde rubato al cemento. Ed è bellissimo, come tutte le cose inaspettate. Premetto che di architettura non so niente. Ma veramente niente, nemmeno quei due o tre rudimenti di uso comune che si sentono ogni tanto ripetere alle cene: c'è sempre qualche architetto e dunque è meglio tacere. Per fortuna Vittorio Gregotti ha accettato di buon grado la mia proposta, parlare poco di architettura e molto della sua vita «altra». Che è molta, a cominciare dai libri (alla fine si torna sempre lì). E soprattutto a cominciare dalla sua «educazione europea» *ante litteram*, molti decenni prima della generazione Erasmus.

Conversando con lui mi sono convinta che non sarebbe diventato la persona che è senza lo sguardo lungo che ha accompagnato la sua giovinezza (le donne con i pantaloni in giro per Parigi, la birra nei pub di Londra). L'uso di mondo e anche di più. Mi è piaciuta l'onestà con cui ha cominciato a raccontare di se stesso come un uomo fortunato, per i natali buoni e pure per un padre lungimirante che non ha voluto per suo figlio una replica della sua vita, dentro la fabbrica. Ci sono molti incontri in questa intervista. Ma anche con l'architetto abbiamo parlato del rapporto passato-presente, che poi è il filo conduttore di questa serie. Ha dato una lettura interessante del tema della formazione: non si è limitato a osservare un decadimento delle istituzioni scolastiche e universitarie, ne ha intravisto la causa, cioè un assoggettamento alle ragioni dell'economia, a ciò che serve al mercato. Potremmo dire « sapere per avere e non per essere ».

«Il successo e la fortuna sono in noi. Noi dobbiamo tenerli: con forza, profondamente», spiega a un certo punto Tom Buddenbrook alla sorella Tony. Il padrone di casa si accomoda in una sala riunioni a due passi da corso Magenta e dice: «Lo sa che io Thomas Mann l'ho conosciuto?» Davanti c'è una grande porta finestra che si spalanca su un giardino, uno di quelli bellissimi che Milano ci tiene molto a nascondere, non si sa mai qualcuno scopra che non è poi così brutta. E a proposito di buona sorte, di borghesia illuminata e destini per nulla segnati, Vittorio Gregotti comincia subito spiegando la genesi del fato: «Una delle fortune della mia esistenza è stata nascere dentro una fabbrica. Mio padre era il direttore, la mia famiglia aveva fondato l'azienda, che produceva tessili, nel 1870. Sono cresciuto con gli operai: andavo in giro con loro, con loro giocavo a pallone. Mio fratello e io, ragazzini, li spiavamo quando andavano in bagno, perché andavano lì a fare l'amore. Quando ho compiuto quattordici anni mio papà mi ha mandato a lavorare per tre mesi come operaio da un suo socio. Quest'esperienza ha influenzato moltissimo la mia vita: mi sono rifiutato di fare l'industriale perché ho capito subito che non era il mio mestiere. E poi ho capito lì cosa vuol dire il lavoro collettivo nei suoi aspetti positivi, quelli di contrasto: non a caso ho sempre avuto dei soci e dei collaboratori, cui devo moltissimo».

*E dopo aver capito che non era quello il suo mestiere?*

La seconda fortuna della mia vita è stata che quando ho deciso di fare l'architetto, appena dopo la guerra, mio padre mi ha detto: «Ti mando sei mesi fuori Italia, quest'aria qui è troppo provinciale». Allora ho chiesto di andare a Parigi: non solo perché era la capitale di tutto, ma anche perché – avendo avuto una governante francese – sapevo bene la lingua. Così nel '47 sono stato a Parigi per un po' di mesi. Parigi è stata una rivelazione, un'epifania. Quando andavi al Deux Magots ti giravi a chiedere la zuccheriera e dietro c'erano Sartre o Camus. E la cosa non finiva con lo zucchero, poi ci si metteva a chiacchierare. Ma i rapporti allora erano imparagonabili a adesso. Avevo una grande stima e ammirazione per Fernand Léger, il pittore. Una volta sono andato a suonare alla sua porta, al 104 di boulevard de Clichy. Lui mi ha aperto, siamo stati un pomeriggio insieme a parlare. E alla fine mi ha regalato un disegno. A Parigi ho avuto anche il grande privilegio di lavorare per un po' di tempo nello studio di Auguste Perret, l'architetto che ha ricostruito Le Havre: avevo vent'anni.

*Ma poi gli studi sono a Milano.*

Ho fatto l'università qui: ci venivo da Novara col treno o con la carrozza. C'era una gran nebbia d'inverno che entrava fin dentro la stazione. Prendevo il tram con operai silenziosi, che andavano al lavoro dopo aver bevuto un «grigioverde», una grappa con la menta. Era un mondo di fabbriche, quello che i miei compagni, molti dei quali iscritti al Pci, non sapevano nemmeno cosa fosse. Il mio primo amico di quei tempi fu Emilio Tadini: lui mi presentò Elio Vittorini, circostanza che aumentò le mie pretese da intellettuale. Ho sempre avuto una grande passione per la musica e per la letteratura. Gli amici della vita sono stati in gran parte scrittori.

*Per esempio?*

Ne cito alcuni: Montale, Gadda, Moravia, Parise, Tabucchi, García Márquez. Comunque il vantaggio di essere a Milano alla fine degli anni Quaranta era anche poter andare in piazza

Cavour. Davanti al Palazzo dei giornali c'era un edificio bombardato sopra il quale era stata aperta un'osteria, dove andavano naturalmente tutti i giornalisti. Ci andavo anch'io: è lì che ho conosciuto per esempio Giorgio Bocca. Era piemontese come me: anzi, più di me. Siamo stati amici fraterni per tutta la vita, abitava qui vicino e ogni tanto o veniva lui a mangiare o andavo io. L'ultima volta è stato poco prima che se ne andasse.

*Il primo impiego?*

Al terzo anno di università – ero compagno di scuola di Gae Aulenti con cui saremmo stati amici tutta la vita – mi sono reso conto che ero un po' deluso e i professori mi sembravano di scarsa qualità, a parte Muzio. Così ho deciso di andare a lavorare da Belgiojoso, Peressutti e Rogers, il mitico studio BBPR. Ernesto Rogers è stato il mio grande maestro: un uomo interessantissimo, un incontro capitale per me. La generazione prima della mia, quelli nati all'alba del Novecento, era una generazioni di artisti nel senso più tradizionale del termine. Mentre Rogers era nato a Trieste, da una famiglia colta, e sapeva, oltre all'italiano, il tedesco, il francese, l'inglese e un po' di spagnolo. Suo padre era stato amico di Joyce. La passione per le altre arti, oltre che per la teoria dell'architettura, mi è venuta da lui. Questa è forse una delle ragioni per cui mi sono sempre interessato di pittura e alla fine sono diventato anche direttore della Biennale di Venezia. In quell'occasione ho inventato la « Biennale di Architettura ».

*Poi ha ripreso l'università.*

Naturalmente: mi sono laureato nel '52. Un anno prima ero andato al convegno del Congrès international d'architecture moderne, che quell'anno si teneva in Inghilterra, a Hoddesdon. Un episodio importante perché lì ho incontrato tutti i grandi maestri del moderno: Le Corbusier, Gropius, Wells Coates,

Giedion, Ove Arup, che suonava meravigliosamente la fisarmonica! Mangiavo con loro, l'ultimo della tavolata serviva gli altri. Per Le Corbusier ho organizzato poi la prima mostra di tempere nella libreria di Feltrinelli a Milano.

*E Giangiacomo lo conosceva?*

Come no! Benissimo, andavamo in barca insieme: ho conosciuto tre delle sue mogli, compresa Inge naturalmente. Negli ultimi tempi era diventato un po' troppo bizzarro. La mattina della sua morte mi ha telefonato Camilla Cederna: era sicura che fosse stato un attentato. Io non lo so, può darsi che sia stato un tentativo maldestro finito male. Aveva delle forme di grande ingenuità: ricordo che qualche mese prima mi aveva mostrato una sua idea di uniformi che voleva fornire agli indipendentisti sardi. Tutto questo non cancella i suoi molti meriti, tra cui la scelta di avviare un'impresa editoriale di prim'ordine. Era ricco di famiglia, d'accordo. Ma è stato coraggioso, non era così semplice; a rappresentare la sinistra c'era già un editore come Giulio Einaudi. Anche lui era un personaggio piuttosto bizzarro. Con Giulio andavamo in montagna e lui pretendeva di spiegare ai maestri di sci come dovevano insegnare. Faceva discorsi sul metodo a questi che lo guardavano sconvolti!

*Torniamo a Hoddesdon.*

Questo convegno aveva come tema il rapporto di compatibilità tra le metodologie del moderno e le questioni poste dalla storia e dai contesti fisici e culturali dei luoghi. L'architettura moderna era nata in contrapposizione con la storia, ma ci si rendeva conto che la storia era il terreno su cui si doveva lavorare, anche se ci lasciava liberi di scegliere la direzione da assumere. La mia generazione è stata molto influenzata da questa idea, pur con interpretazioni tra loro diversissime. Il problema della ricostruzione in Europa era legatissimo alla storia, i monumenti erano importanti per la relazione con il passato e la tradizione. Si poneva la questione di come rendere compatibile il nuovo con il passato. Poi nel '52 cominciai a lavorare con due amici: uno non c'è più e l'altro è in pensione. Come del resto dovrei essere io. Non mi chieda perché non lo faccio, già lo fa spesso mia moglie.

*Lei ha lavorato moltissimo fuori dall'Italia.*

In Cina, Nordafrica, Francia, Spagna, Stati Uniti. Oggi, assai di più che negli anni Sessanta-Ottanta, la misura della decadenza italiana si sente molto. La paralisi, per quanto riguarda l'architettura, non è solo una paralisi pratica, è una paralisi di fondamenti e di intenzionalità.

*Abbiamo perso la capacità di elaborare discorsi critici?*

Sono convinto che il grosso problema sia il passaggio dall'età dell'industria – con tutte le sue difficoltà e contraddizioni – all'epoca attuale, del globalismo finanziario. Un passaggio non ancora consumato, di difficile comprensione. Oggi ci troviamo in una condizione di assoluta barbarie nei confronti del mito della tecnologia che sembra essere l'unico contenuto di futuro. Anche i media hanno un grosso ruolo: abbiamo reso talmente mitiche le strutture della comunicazione da confondere i mezzi con i fini.

*Una volta ha detto: « Oggi ha successo soltanto lo showman: l'artista è più importante delle cose che fa e le opere si sono trasformate in eventi ».*

Chi come me ha a che fare con l'arte, si trova continuamente a doversi confrontare con il capitalismo della visibilità e della provvisorietà. Mi sembra che anche le *archistar* di successo mediatico ne siano convinte.

*Il professor Severino dice che la tecnica è l'ultimo Dio occidentale.*

Ci vorrà molto tempo prima che i processi di avanzamento della tecnologia non siano più miti, ma esclusivamente mezzi. La globalizzazione è il nuovo colonialismo: sarà banale, ma ne sono convintissimo.

*Forse non abbiamo più anticorpi, non abbiamo più strumenti per difenderci.*

La formazione, a tutti i livelli, è diventata puramente strumentale alle ragioni dell'economia. In realtà tutti i miei allievi migliori avevano fatto studi umanistici. L'architettura si fonda sul rapporto dialettico tra eteronomia e autonomia. Non può dimenticare a cosa serve, la destinazione che ha, ma ha diritto di esprimersi liberamente nell'interpretare i suoi contenuti. Nella scrittura questo carattere non c'è. Lo dico perché sono da sempre un accanito lettore di libri: ne ho tre sul comodino, sempre. Un romanzo, un saggio e un classico. Una volta mi sembrava un dovere terminare un romanzo: oggi però se non mi piace dopo venti pagine, lo abbandono. E ne chiudo tantissimi ormai.

*Perché?*

Sembrano quasi tutti scritti per fare dei film.

*Non è più tempo per* I Buddenbrook...

Sa che ho conosciuto Thomas Mann? È venuto in Italia nel 1953. Io ero molto amico di Enzo Paci. Un giorno eravamo insieme a *Casabella*, rivista con la quale ho a lungo collaborato. A un certo punto mi dice: « Scusa, ti devo salutare. Ho appuntamento con Thomas Mann al bar di fianco alla Scala ». Io ho fatto finta di niente e dieci minuti dopo sono andato al Biffi. E così gli ho stretto la mano. L'ho trovato molto simile a Walter

Gropius: avevano entrambi un interesse vivissimo per il prossimo, ti sembrava di essere l'unica persona al mondo con cui volevano parlare. Conoscere Mann mi ha fatto molto effetto, perché per me *I Buddenbrook* è stato un libro fondamentale. Se avessi conosciuto Joyce sarebbe stato diverso, nonostante l'importanza dell'*Ulisse*, che ha rappresentato un capovolgimento radicale da cui dipende tutto quello che viene dopo. Ma con *I Buddenbrook* scattava un meccanismo d'identificazione molto forte, c'era il mondo dell'industria nel quale mi specchiavo.

*Lei è stato anche professore universitario: a Milano prima e a Venezia poi.*

E non dimentichiamo Palermo, dove sono andato nel 1967. Ho ringraziato il mio Dio di essere andato a Palermo, perché se non si lavora nel Sud non si comprende veramente l'Italia.

*Rifarebbe lo Zen sapendo come è finita?*

Il progetto dello Zen è stato molto importante nella mia vita. Come disgrazia, intanto: peggio di così non poteva andare. E anche perché ho scoperto di avere profonde ingenuità nei confronti del Sud. Non avevo capito cos'era, come si muoveva, quali reti tesseva la mafia. Ricordo le discussioni sul quartiere in Consiglio comunale, quando c'era Vito Ciancimino sindaco. Era straordinario, un attore consumato: si metteva sotto il tavolo, oppure ci saliva sopra. Cantava, faceva cose da matti. Tutto questo perché due fazioni – una era sostenuta da lui – litigavano per gli appalti dello Zen. Non si sono messi d'accordo e questa è stata la sventura: il quartiere si è fermato tutto a un quarto del progetto. Non sono mai stati realizzati i servizi, mai portate le piccole aziende che avrebbero dovuto trovare posto lì. Sono stati vent'anni senza acqua, luce e gas. Ancora oggi un solo isolato è abitato dalle persone che ne avevano diritto, tutti gli altri sono stati cacciati e al loro posto hanno trovato alloggio persone indicate dalla mafia.

*E l'Università della Calabria?*

Ho progettato Arcavacata di Rende a metà degli anni Settanta, quando c'erano Nino Andreatta e Paolo Sylos Labini: dopo che se ne sono andati si è bloccato tutto. C'era un'area di 780 ettari, la decisione era di non superare i dodicimila studenti. Ora l'area è di duecento ettari, pure un po' contaminati, e gli studenti sono diventati trentamila. Ma è stata la mia esperienza progettuale più importante per quanto riguarda la relazione tra architettura e antropogeografia.

*Cos'è la bellezza?*

Il bello è la luce del vero, dicevano i greci. È l'interpretazione che un artista dà delle contraddizioni dentro alle quali vive e del modo di superarle. Il vero è un vero storico, non metafisico.

*La fama di Milano città brutta è ingenerosa?*

Be', bella non è. Però a me piace. Milano ha conservato la voglia del fare. Anche se ha perso molto con la disgregazione del mondo industriale: ormai è una città fondata sulle attività finanziarie.

*Il nuovo quartiere a Porta Garibaldi è bello?*

Non rappresenta certo la luce del vero. È una trasposizione di carattere neocoloniale: l'hanno costruito e finanziato gli americani. Non ce l'ho con gli americani, ma con il loro colonialismo sì. E ancor di più con quelli che lo accettano acriticamente. Quando ho visto il progetto ho detto: tagliate tutti i grattacieli, lasciate quattro piani e la piazza.

*Abbiamo perso il sentimento della bellezza?*

Non è questione di perdita. È il cambiamento incessante che la caratterizza.

Oggi poi la bellezza è provvisoria, è legata alla moda, alla sensibilità del tempo.

*Parliamo di politica: cosa pensa della nuova sinistra di Renzi?*

Ma quale sinistra?

*Vabbè, loro si definiscono di sinistra.*

Senta: è giusto che ci siano persone giovani, energiche. È giusta la voglia di cambiamento. Ma è un desiderio velleitario, se non riesce a operare concretamente sulle trasformazioni, e soprattutto non dà prospettive di lungo termine intorno all'idea di società altra. Ho conosciuto a Palermo Enrico Berlinguer. Era un uomo notevole, aveva un rapporto critico e consapevole con la realtà, ma anche con la necessità di ideali durevoli.

*Lei si sente ancora di sinistra?*

La parola sinistra è diventata davvero sinistra. È comunque necessaria l'attitudine di mettere in discussione le contraddizioni del presente e di pensare che i valori dell'essere siano più durevoli.

*Quali valori?*

Non mi faccia fare il filosofo, io faccio il muratore.

*Muratore no!*

Intendo: non guardo mai le questioni dell'architettura in modo astratto. Penso al fare, non al guardare. Ho interesse alla prassi, assai più che al giudizio estetico.

*La sua generazione che eredità ha lasciato?*

Non posso rispondere senza essere sospettato per questioni anagrafiche: ho ottantasette anni. Penso che vivere sulla memoria del passato sia un errore che impedisce di comprendere le cose dell'oggi. Al tempo stesso diffido di questa mania. Facciamo il caso della musica: se lei guarda un concerto di musica popolare si rende conto della molteplicità di fattori: luci, folla, coreografie, gridolini, flash. Un'esecuzione di musica classica è molto più semplice: c'è l'orchestra, il pubblico ascolta e alla fine applaude o fischia. Per dire: le messe in scena non mi convincono.

*Forse però servono a distrarre.*

Ma l'arte non serve a distrarre, serve a capire il profondo nascosto.

*Parlavamo di politica. A proposito: Berlusconi è stato per vent'anni il* dominus *della politica italiana. Però è anche l'imprenditore che negli anni Settanta ha progettato un quartiere di Milano con un'idea molto chiara...*

L'idea molto chiara ce l'avevano gli architetti che l'hanno progettato, e lui l'ha tradita. L'idea chiara era un'articolazione diversa del modo di produrre la periferia urbana. La sua idea era fare un recinto nel quale chiudere un ceto sociale e tener fuori tutti gli altri.

*Di lui come politico cosa pensa?*

Le disgrazie capitano a tutti i popoli. Berlusconi però ha un'enorme responsabilità morale. Il suo odio per la cultura è evidente. E poi uno che dice: « Le tasse si possono anche non pagare » o che un mafioso è un eroe è un corruttore di cittadini. Gli italiani hanno il mito dei soldi e del successo. Ma i soldi sono uno strumento, non un valore in sé.

*Il problema della corruzione sembra irrisolvibile.*

È aumentata tantissimo dopo la guerra, prima non era così endemica. Lavorando con le amministrazioni me ne sono accorto, eccome. E ora: guardiamo cos'è successo col Mose a Venezia.

*Perché non si percepisce il danno economico della corruzione, specie in un momento di crisi come quello attuale?*

Ribadisco: siamo stati guastati da vent'anni di berlusconismo. Lui ha rappresentato l'antipolitica per eccellenza. Politica come la intendeva per esempio Bobbio.

*Ecco: la fiducia dei cittadini nella politica è ai minimi storici.*

Infatti: il quarantuno per cento che Renzi sbandiera tanto è il quarantuno per cento del cinquanta per cento, per via dell'astensione. Va bene: varrà la *Realpolitik*, ma il tema della rappresentanza esiste.

*Chi vede come successore di Napolitano?*

Non ho mai capito perché il Pd non ha votato Stefano Rodotà. E nemmeno perché *Repubblica* era così contraria all'ipotesi. Vedrei lui: credo che le sue « intransigenze costituzionali » siano giustificate dai tempi. Un altro è certamente Walter Veltroni.

*L'anno che verrà è quello dell'Expo di Milano.*

L'idea stessa di Expo è oggi una truffa culturale, non serve a niente. Può forse servire ai Paesi in via di sviluppo. È una cosa che non ha più storicamente senso. Non c'è nessuna novità da scoprire, visti i nuovi mezzi di comunicazione. Milano non è certo una città di grande attrattività turistica. Ho lavorato a quella che avrebbe dovuto essere l'Expo di Parigi nel 1989. A un certo punto Mitterrand ha telefonato: « Costa troppo, non se ne fa più nulla ». E ha messo giù il telefono. Ho vinto il progetto generale di Siviglia, poi la realizzazione è stata affidata agli americani: è stata un'esibizione inutile, come tutte le Expo europee recenti. Hanno tutte solo perso soldi. E temo sarà così anche per Milano.

*21 novembre 2014*

## *Voglio fondare il partito dei nonni*
## Incontro con Luciana Castellina

Non sapevo molte cose di Luciana Castellina, quando sono andata a trovarla nella sua grande casa ai Parioli. Spero che lei non me ne vorrà se qui annoto che è di una bellezza abbagliante, e non lo dico tanto per dire. Lo è davvero, ancora diritta, ancora altera e con un'allure indescrivibile, qualcosa più del fascino. Colpisce molto in lei il contrasto tra la grazia, l'eleganza e l'estrema serietà del suo ragionare.

Preparando l'intervista, avevo trovato un articolo di Giuliano Ferrara, del 2012. Diceva così: « Ha la straordinaria virtù di persistere in bellezza, spregiudicatezza o incuranza, e sa come sfidare e bastonare il tempo. L'avete tutti presente, spero, la dirigente e militante comunista passata a *il manifesto* e a mille avventure politiche sempre con la ferma intenzione di vivere e, adesso, di raccontarsi in libri e interviste che alla fine versano sul crepaccio dell'amore come tema quasi esclusivo. La Castellina ha lo charme di un grande viso pieno di luce in un magnifico corpo, ma più ancora il fascino del movimento continuo, di un attaccamento inquietante ma beato alle grandi idee sbagliate del Novecento, e poi la radice romana e la vita borghese, ma con l'internazionalismo come correttivo ideologico e mondano ».

A parte le idee sbagliate del Novecento, c'era molto di vero in quello che aveva scritto Ferrara. E a proposito delle idee, sono io a essermi ricreduta su un pregiudizio. E cioè che quella fedeltà fosse una sorta di fedeltà a se stessi, alla propria vita e al modo con cui attraverso un'idea si era declinata: il comunismo è morto, ma noi non lo possiamo riconoscere perché altrimenti è la nostra intera esistenza a essere messa in discussione. Invece ascoltando Luciana Castellina mi è sembrato l'opposto: avevo davanti una donna profondamente umile rispetto alle idee alle quali aveva dedicato la propria vita. Molto lucidamente la sua tesi è: al di là degli enormi sbagli – per i quali lei e gli altri del *manifesto* se ne erano andati dal Pci – la presenza di un partito comunista forte è stata importante per molte conquiste, sia sul terreno dei diritti sia su quello dell'uguaglianza. Come amava dire Giuseppe Di Vittorio, storico leader della Cgil e parlamentare comunista, il partito ha almeno « insegnato ai contadini a non togliersi più il cappello davanti al padrone ». E poi Castellina ha detto una cosa sacrosanta, sulla mistificazione del passato, anche abbastanza recente, dell'Italia. Un imbroglio organizzato a uso e consumo di un presente che non ha mantenuto nessuna promessa.

Nella *Prigioniera* Proust sostiene che le « passioni politiche sono come le altre, non durano » perché sopraggiungono nuove generazioni che non le capiscono più e perché la stessa generazione che le ha provate cambia. Se è una verità, non è universale, o almeno così sembra in questo salotto ai Parioli, dove Luciana Castellina sta seduta su un divano, dritta come un fuso. Attorno a lei, la luce diffusa ancora oggi – le primavere sono ottantacinque – dalla bellezza. La sua è una storia tutta sulla strada tra Roma, dove è nata, e Trieste, dove abitano le radici più forti.

« Mica tutti i pezzi di famiglia hanno lo stesso peso. La parte importante per me è quella materna. Mio nonno era ebreo: gli ebrei sono invadenti, arroganti, e quindi hanno pesato di più. Mia madre e mio padre si sono separati quando avevo quattro anni. L'avvocato Pacelli, il fratello del papa, dietro l'esborso di molti quattrini, aveva fatto annullare il matrimonio davanti alla Sacra Rota. In pratica non c'era mai stato, e io non si capiva bene come avessi fatto a nascere. Mi pareva molto strano da bimba, anche se loro sono sempre rimasti amici. » Molte cose si spiegano già qui. « Il mio nonno Liebmann era un hippie *ante litteram*, era scappato a diciassette anni da Trieste insieme a Oberdan per non fare il servizio militare nell'Impero austroungarico. Ho trovato un libro, *La vera vita di Guglielmo Oberdank* di uno storico inglese, che riporta tutta la corrispondenza con il nonno. Vi si racconta tra l'altro che la famosa storia dell'incontro tra Oberdan e Garibaldi a Roma – in cui Oberdan gettandosi ai piedi di Garibaldi gli chiede di liberare Trieste – era una bufala, inventata di sana pianta da mio nonno.

« Aveva fatto il pittore, poi è andato in Egitto, è tornato, ha conosciuto la nonna che veniva da una famiglia di possidenti agrari di Tarquinia, supercattolici. Non li fecero sposare. Per la disperazione il nonno andò in Argentina. Dopo otto anni la nonna trovò il suo indirizzo, lo cercò e lui la invitò a raggiungerlo, con un telegramma di una sola parola: 'Vieni'. Lei scappò con la nave da Genova. Era il 1890. Sono sempre stati poveri, ma si amavano moltissimo.»

*Lei è cresciuta a Roma, però.*

Esattamente qui. Ho frequentato il Tasso. I miei compagni erano Citto Maselli, Carlo Bertelli, Lietta Tornabuoni. Ma io ero molto piccola, molto ragazzina. Fino a sedici anni non mi erano neanche cresciute le tette, tutte le mie amiche erano donne fatte, io ero magra come un chiodo e sembravo una bambina: m'imbarazzava molto. Per tutti ero l'amico Lucianina, al maschile.

*Che ricordi ha del fascismo?*

Ero compagna di scuola di Anna Maria Mussolini, con lei ho fatto tutte le elementari e le medie. Andavo a giocare a Villa Torlonia. Il 25 luglio del '43, stavo giocando a tennis con Anna Maria a Riccione. A un certo punto la partita fu interrotta, vennero due guardie del corpo e le dissero che doveva andare via subito perché il padre era stato arrestato. Non avevo ancora compiuto quattordici anni. La mattina dopo, nel retro di un quaderno scolastico, iniziai a scrivere il mio «diario politico». Che comincia proprio così: «Oggi è caduto il fascismo». Registravo un evento misterioso, perché di cosa fosse il non fascismo io non avevo minimamente idea. Questo diario l'ho tenuto fino al '47, quando mi sono iscritta al Partito comunista.

*A casa sua che aria tirava?*

Un antifascismo da barzellette sui gerarchi, non molto di più. Nel '44, quando liberarono Roma, io decisi di saltare la quinta ginnasio e andare direttamente al liceo. Non sapevo bene né il latino né la matematica: mi consigliarono di andare a lezione a casa Apicella. Una mia compagna di scuola, tra l'altro molto fascista, mi disse che c'era la madre che insegnava matematica e la figlia Agata che insegnava latino: con un viaggio solo in bicicletta risolvevo entrambe le questioni. Agata era la mamma di Nanni Moretti: quando è morta ho fatto la sua commemorazione in chiesa. Erano tutti antifascisti, gli Apicella, in un modo molto consapevole: è stato un incontro importante.

*La politica arriva subito.*

Ho finito il liceo nell'estate del '47, nel frattempo mi ero avvicinata al Partito comunista. Nel '45, quando Roma era già stata liberata, fu organizzata una grande manifestazione per Trieste italiana, una cosa che io avevo succhiato con il latte. Alla manifestazione, arrivati in piazza Esedra, i comunisti ci picchiarono di santa ragione. Noi non sapevamo che la nostra manifestazione era stata promossa dai fascisti. Che infatti dettero l'assalto a mano armata alla sede del Pci, allora nella vicina via Nazionale. Mentre ero sui gradini di piazza Esedra, venne fuori dalla sede del Pci un gruppo di persone. Tra cui un certo Iacchia, triestino: fece un comizio improvvisato che mi colpì molto: disse tante cose che non sapevo. Intanto perché a casa mia gli sloveni venivano chiamati *sciavì*, cioè schiavi. La prima pulizia etnica ce la siamo inventata noi, perché negli anni Venti i fascisti cacciarono tutti gli sloveni dal Friuli. E ne ammazzarono moltissimi. M'incuriosì il Partito comunista e andai a trovarlo a scuola: e così incontrai Citto e tutti gli altri animatori del circolo Tasso. Che cominciai a frequentare: allora volevo fare il pittore.

*Perché il pittore, al maschile?*

Non so, pittrice non mi viene naturale. Comunque la prima cosa che il Pci mi ha chiesto di fare era una conferenza sul cubismo, e così attraverso il cubismo entrai in contatto con il comunismo. Finito il liceo andai al Festival della gioventù a Praga e poi a vedere la Jugoslavia, visto che nella mia vita era stata così importante la vicenda di Trieste. E andai a costruire la ferrovia: sono *udarnik*, che è il diploma di stakanovista perché avevo un alto livello di produttività. Sono stata lì un mese e mezzo, con una brigata internazionale. Ero l'unica italiana, c'erano indiani, indonesiani, ragazzi da tutto il mondo, da paesi di cui io nemmeno sospettavo l'esistenza. Sapevo il tedesco e il francese, l'inglese l'ho imparato lì. Poi, tornando, ripassai per Trieste con la tuta e il distintivo. La zia Ester come prima cosa mi disse: « Vai a farti la doccia e togliti quella roba di dosso ».

*E quando s'iscrive al partito?*

Nel '47, ci furono le prime elezioni amministrative a Roma. Alla vigilia, in piazza Vittorio fu accoltellato un ragazzo, Gervasio Federici, mentre appiccicava dei manifesti della Dc. Furono accusati dei giovani comunisti, che si fecero un po' di anni di galera. Questo episodio diede inizio a tempi oscuri: il periodo delle speranze era finito, il mondo si era richiuso. Entrare nel partito significava fare qualcosa di più. Intanto mi sono iscritta a Legge, anche se non credo di aver mai assistito a una lezione. All'università ci stavo sempre, perché ero segretaria della sezione universitaria. Ho scelto Legge perché quando mi sono iscritta al Pci avevo un grande complesso d'inferiorità: erano tutti così colti... Avrei scelto Filosofia, ma non pensavo di essere abbastanza intelligente. Volevo diventare economicamente autonoma, e dunque ecco perché Legge. Ho fatto pratica per un anno, ma ho sempre lavorato per il partito.

*Il partito di Togliatti.*

Era un uomo di straordinaria intelligenza e di grande fascino. Basta pensare ai suoi funerali: una cosa immensa, un oceano di folla. La prima volta che arrivò a Roma quasi un milione di persone. Togliatti parlava come un professore di liceo, il contrario del populismo, della demagogia. Fece dell'*Unità* un giornale di alta cultura, e nonostante tutto era amatissimo. Il Partito comunista, all'inizio, era una massa informe di ribelli, soprattutto in Meridione. Fu Togliatti a trasformare la ribellione in un soggetto politico inserito nel processo democratico. La democrazia in larga parte è stata costruita dai grandi partiti di massa. E specialmente dal Pci.

*Che militante era lei?*

Io ho fatto molta milizia bruta. Andavo nelle borgate. Il Pci ebbe l'intelligenza di capire che a Milano c'erano gli operai, ma a Roma il popolo era il sottoproletariato: le borgate erano piene di prostitute e ladri.

*Andavate a galvanizzare le masse, direbbe Guareschi.*

Si trattava proprio di educarle, le masse: queste persone non sapevano nulla, erano davvero ignoranti. La prima cosa della democrazia è trasformare le persone da sudditi in cittadini. Adesso quando vedo la democrazia ridotta agli *I like it*, o *I don't like it...*

*Che pensa del partito di Matteo Renzi?*

Non mi piace innanzitutto perché ha ridotto la democrazia a un sondaggio su quello che fa e decide lui. In questo Paese è stata cancellata la memoria politica. Io voglio fondare il partito dei nonni, e ho già trovato molte adesioni. C'è stata una rottura generazionale, più forte in Italia che in qualsiasi altro Paese. E non è stata un'operazione indolore. Mi riferisco allo scioglimento del Pci: la rimozione del passato è stata un'abiura. Ed è rimasta un'idea falsa, cioè che nel Novecento siano stati fatti soltanto errori e orrori.

*La Bolognina sembrava ai più l'unica strada possibile.*

Nessuno si ricorda che ci fu un'opposizione fortissima! Il Pci fu sciolto in due tempi: il primo congresso cui fu portata la proposta, a Bologna nell'89, e poi dopo un anno di discussione, nel gennaio del '91, il partito fu definitivamente sciolto. In quel periodo ottocentomila militanti se ne andarono silenziosamente, perché gli era stata spezzata la spina dorsale. Dicendo che tutto era stato sbagliato: non ce n'era bisogno, non era vero. Senza il Partito comunista in Italia non ci sarebbero state le conquiste operaie, il sistema sanitario nazionale, le pensioni, la scuola. E anche la Resistenza è stata fatta in larga parte dai comunisti. La vita sociale, poi: non c'era un paese in Italia la cui piazza principale non ospitasse la sede del partito e del sindacato. Questo ha voluto dire la crescita di una coscienza civica. Certo che gli errori dell'Unione Sovietica erano stati terribili.

*La rottamazione del Pci è stata l'inizio di tutti i guai?*

Non solo questo. Anche il berlusconismo è stato un tentativo di cancellare il passato. Berlusconi è riuscito a convincere la gente che i comunisti fossero sempre stati al governo... invece la cosa straordinaria del Pci era stata la capacità di cambiare il Paese stando all'opposizione, di incidere sulla politica in modo profondo. È stato presentato un secolo altro, diverso. Lo vedo anche con i miei nipoti: i giovani non sanno più nulla. Se cancelli il passato, cancelli anche l'avvenire. Resta solo la gabbia del presente.

*Poi dal partito l'hanno cacciata.*

Avevamo compiuto un atto d'indisciplina: fondare una rivista in dissenso non solo sui rapporti con l'Unione Sovietica, quella fu una tra le ragioni. Non si trattava di errori, si trattava di rivedere criticamente tutta la nostra storia. Cosa che Berlinguer ha fatto, dieci anni più tardi. Se l'avesse fatto prima, quando la sinistra era molto forte, avrebbe acquistato il significato di una critica da sinistra. La critica fatta nell'81, quando era già in atto la controffensiva delle destre – thatcheriana, reaganiana – ha assunto un significato pesante: il socialismo non è possibile. Ma le nostre critiche erano anche su un altro terreno, e non secondario: dicevamo che ormai l'Italia era un Paese a capitalismo avanzato dove si erano create nuove contraddizioni. E così vennero fuori la questione ecologica, il consumismo, l'alienazione del lavoro. Essere radiata fu un trauma enorme per me, come se mi avessero gettato dalla finestra. Ma c'era il Sessantotto tutto attorno e non mi ritrovai nel vuoto. A me sembrava impossibile fare politica al di fuori del Pci. Per fortuna, cadendo dalla finestra, atterrai su un terreno molto coinvolgente, quello del movimento.

Il manifesto *di oggi?*

Ci scrivo ancora, è fatto da una generazione – a parte direttore e condirettore – giovane, che ha perso un po' di memoria. Questa generazione è più fragile, noi avevamo un'esperienza politica molto coinvolgente, strutturata. *Il manifesto* non è nato come giornale, è nato come iniziativa politica. Adesso è un giornale.

*La vita pubblica si è intrecciata anche alla vita privata in quegli anni.*

Con Alfredo Reichlin, il padre dei miei due figli, ci siamo separati all'inizio degli anni Sessanta. Siamo rimasti molto amici. Alfredo mi ha insegnato molte cose: lui era già un intellettuale, io ero una ragazzina militante di base. Quando era direttore dell'*Unità* andavamo qualche volta a cena da Togliatti. Era un uomo simpatico, colto, gradevole, ironico. Dopo una vita di esili, clandestinità, guerra di Spagna, dopo un'esistenza difficile, in Nilde aveva trovato una donna normale. Gli piaceva aiutare ad apparecchiare, perché voleva una casa in ordine, una bella tavola dove accogliere gli amici. Gustava la normalità di un rapporto che non aveva mai avuto e lei è stata molto intelligente perché ha liberato l'immagine delle donne comuniste, viste come delle erinni. La militanza si poteva conciliare con l'idea di femminilità, di accoglienza.

*E Lucio Magri?*

L'ho incontrato all'inizio degli anni Cinquanta. Siamo stati insieme molti anni. Lui ha avuto una grande influenza politica su tutti noi. Ho cercato di impedirgli in tutti i modi di suicidarsi: quel gesto è stato il frutto di una depressione fortissima. Una depressione politica: dal 2004 la sinistra ha cominciato a degenerare, e lui si è chiuso a casa in un rifiuto totale, assoluto. Poi la morte di Mara è stata molto dolorosa. Noi due ci siamo visti e sentiti fino alla fine. Sono sempre rimasta legata ai miei ex compagni: non ho una famiglia ma una tribù, una relazione molto più interessante e varia.

*Con Magri siete stati anche deputati insieme.*

Ho fatto una prima legislatura con il PdUP. Dp era la sigla collettiva con cui ci presentammo alle elezioni del '76 con Lotta continua e il gruppo di Vittorio Foa, i socialisti dello Psiup, la sinistra del Partito socialista. Io ero presidente del gruppo parlamentare, eravamo pochi, bisognava occuparsi di tutto. E imparare tutto: sanità, scuola, politica estera. Quando noi entrammo, il Parlamento non aveva mai visto un gruppo così piccolo, non sapevano che farsene di noi. Non c'erano nemmeno i locali. Ci dissero di andare con i radicali, che erano stati eletti in quattro. E noi: con i radicali mai!

*In quegli anni i rapporti con gli ex compagni del Pci com'erano?*

Violentissimi. Ci dicevano: ma chi vi paga? Poi hanno chiesto scusa. Giorgio Napolitano è stato uno dei nostri principali oppositori, perché noi nel Pci eravamo parte dell'ala ingraiana. Berlinguer era più possibilista. Tanto è vero che Enrico nel 1984 venne al nostro congresso, ci chiese di rientrare visto che molte delle ragioni che ci avevano diviso erano state superate. Lui aveva operato lo strappo con l'Urss e abbandonato la linea che aveva portato ai governi di unità nazionale. Aveva, insomma, operato una svolta a sinistra. Accettammo. Erano passati quindici anni, pochi mesi dopo Berlinguer purtroppo morì. E noi rientrammo in un Pci che aveva preso una deriva di destra. Tanto è vero che qualche anno dopo si sciolse.

*Torniamo indietro di qualche anno. Suscitò molto clamore il suo arresto in Grecia, nel '67.*

Sono stata la prima giornalista arrestata dai colonnelli. Collaboravo con *Paese sera*, dove avevo già lavorato. Arrivai ad Atene e il colpo di Stato non si vedeva, avevano messo duemila persone arrestate nello stadio. Furio Colombo era disperato: era lì per la Rai e mentre i giornalisti potevano scrivere, lui doveva mandare delle immagini. E non ce n'erano. Io avevo contatti riservati con le famiglie di alcuni arrestati. Mi dissero che non sapevano dove si trovassero i loro familiari, ma che era stata data indicazione di un commissariato dove si potevano portare dei pacchi. Andammo con Furio e il cameraman al commissariato, riuscimmo a filmare qualcosa. La pellicola uscì dalla Grecia nella valigia di una turista americana diretta a Roma: furono le prime immagini trasmesse del colpo di Stato. La polizia greca sapeva benissimo che avevo dei contatti. La mattina dopo andai a colazione con i colleghi, a tavola dissi che avevo trovato una telefonata di Pino Rauti, che era lì per il *Tempo*. « Naturalmente non ho richiamato. » Igor Man mi rimproverò: « Hai fatto male, i colleghi si richiamano sempre ». E aveva ragione: Rauti voleva avvisarmi. Tornai in camera a fare la doccia, uscii dal bagno in accappatoio e trovai la stanza piena di poliziotti. Siccome avevo visto molti film, dissi subito: « Voglio parlare con la mia ambasciata ». Ma il telefono era già stato staccato. Tornai in bagno e mangiai tutti gli indirizzi. Passando per la hall dell'albergo c'era Bernardo Valli, che mi seguì fino alla sede della polizia di via Bouboulinas su un tassì. Ci fu subito una protesta di tutti gli inviati che si trovavano ad Atene. Il ministro degli Esteri era Fanfani e riferì in Senato della Grecia, tuonando contro il mio arresto. Cosa vuole, tutti in quel momento si volevano rifare una verginità antifascista... E Fanfani ordinò di farmi liberare immediatamente. L'ambasciatore ottenne di trasformare l'arresto in espulsione immediata, con il primo aereo. Ma trattò: « Non il primo, l'ultimo aereo ». Così la dignità dell'antifascismo era salva.

*Era già stata in carcere.*

Quattro volte. La quarta, nel '63, ci restai per quasi due mesi: ho ancora le lettere dei miei figli. C'era stata una manifestazione di edili, era l'epoca del sacco di Roma. Mi trovavo a Botteghe Oscure, uscii e andai a vedere. C'era uno che strillava, io cercai di liberarlo e portarono via anche me. Resistenza aggravata: minimo cinque anni di galera. A scuola, la maestra chiese a Lucrezia di alzarsi e dire perché la sua mamma era stata arrestata. Siccome avevano detto che io avevo picchiato un poliziotto con un ombrello, Lucrezia disse che non era vero. Prima di tutto perché non possedevo ombrelli. E perché ero « disombrellata di natura ».

*Che effetto le fa che sua figlia Lucrezia scriva sul* Corriere della Sera?

Negli anni Sessanta il *Corriere* era un giornale violentemente reazionario. Le cose sono cambiate: quando è uscito un mio libro, qualche anno fa, ho chiesto a Ferruccio de Bortoli di presentarlo. Cosa che ai tempi non avrei mai fatto. I miei figli sono parte di una generazione che ha fatto il Sessantotto molto da dentro. Entrambi hanno studiato in America, un'esperienza che li ha molto cambiati anche culturalmente. Sono parte di una generazione di mezzo che ha conservato pochi legami con quella esperienza. Loro si sentono di sinistra, intendiamoci bene. Io penso che non lo siano.

*Cosa vuol dire essere di sinistra?*

Che la libertà non può essere disgiunta dall'uguaglianza, un valore completamente naufragato. Questo è il primato.

*9 dicembre 2014*

## *La letteratura si è addormentata*

## Incontro con Pietro Citati

Come forse si è capito dalla decisione di fare pubblicità occulta all'inizio di ogni autografo, amo i classici. Dunque, appena posso, propongo un'intervista a Pietro Citati, della cui compagnia abuso tutte le volte che vado a trovarlo. La prima volta, mi ha colpito molto un particolare: nell'ascensore del suo palazzo un cartello di avviso – uno di quelli che intimano di non aprire le porte in anticipo per non restare imprigionati – ostenta un verbo « essere » alla terza persona singolare con l'accento acuto (é). Non è grave, ma forse sì, visto che lì ci abita il più famoso tra i critici letterari italiani.

Mi piace moltissimo come la voce di Citati cambia e gli occhi severi improvvisamente ridono mentre parla di letteratura. E il modo in cui dà del tu ai libri (la *Leggerezza* di Milan Kundera, invece che *L'insostenibile leggerezza dell'essere*) o agli autori (come Tomasi di Lampedusa che confidenzialmente lui chiama Lampedusa). Ci sto sempre un pomeriggio intero, perché non mi è mai capitato di vedere qualcuno parlare dei libri che ama con il suo trasporto, con l'aria rapita di un innamorato.

È veramente bellissimo ascoltarlo parlare di Manzoni, di Leopardi, dei francesi o dei russi. Quando è uscito il Leopardi cinematografico di Mario Martone, gli ho chiesto conferma di un ricordo liceale che riguardava il grande amore del poeta di Recanati, Fanny Targioni Tozzetti. Era vero che dopo la morte del poeta, quando le chiesero perché lo avesse respinto, lei rispose « Perché puzzava »? Ma Pietro Citati mi ha raccontato che « Aspasia » disse questo e molte altre cose terribili su Leopardi. C'è una corrispondenza tra Fanny e Pietro Giordani in cui lei scrisse che le ripugnava, che non aveva nemmeno simpatia per lui. Si spinse perfino ad affermare di non sapere affatto che

Leopardi fosse innamorato di lei. Una menzogna, perché lei lo sapeva benissimo. Abbiamo parlato a lungo anche della letteratura contemporanea e del rapporto che ha con la società: «Quarant'anni fa allo Strega concorrevano la Morante, Lampedusa, Calvino contemporaneamente. Le persone non si rendono conto: c'è un degrado del gusto e una diminuzione della lettura».

Una volta gli ho chiesto se secondo lui ci fosse una relazione tra il fatto che l'italiano nell'uso comune è ormai ridotto a pochi lemmi – dunque sostanzialmente svuotato – e il degrado del pensiero. Lui ha risposto così: «Una forte relazione. È successo prima nel mondo anglofono che da noi. Il periodo inglese è di pochissime parole, un sistema linguistico in cui non si può pensare. Da noi c'è da un lato la lingua alta, dall'altro la lingua diffusa. Leggiamo i giornali: non è che siano scritti con frasette di una riga. È rimasto il periodare di Aldo Moro, che scriveva e parlava in modo mostruoso. Quel discorso da giudici, da avvocati, faticoso e incomprensibile. Dall'altro, Berlusconi, per esempio, si esprime con frasette, sul modello inglese. Sono due mostruosità coalizzate tra loro per distruggere la lingua. La lingua non è solo un'entità reale, ma anche potenziale. Con l'italiano, volendo, si può fare tutto ciò che si vuole. La nostra è ancora una lingua di grande ricchezza e libertà, anche se viene poco adoperata. Io credo che il francese oggi sia molto decaduto e che con il francese oggi non si possa più fare quasi niente. Il francese è più asintattico dell'inglese. La lingua di Proust, di Chateaubriand, certo. Ma è anche la lingua di Voltaire, cioè una linguetta deliziosa in cui è difficilissimo esprimersi in modo ricco. Con l'italiano è diverso, non c'è la lingua che urta contro il desiderio o le aspirazioni dello scrittore. Voglio dire: è ancora possibile, anche se sono pochissimi quelli che scrivono ancora bene in italiano».

Ma la questione della lingua s'intreccia anche con la politica: «Avevo una passione per i democristiani. Non politica, antropologica. Prima c'erano fascisti starnazzanti e retorici. Poi arrivano queste persone che fanno il possibile per non farsi vedere, che cercano di scomparire. Mentre i comunisti allora ostentavano un sistema d'idee, loro facevano come Kutuzov in *Guerra e pace*: si cancellavano, cercando semmai di trasformare gli altri in se stessi. Anche fisicamente tentavano di confondersi, si assomigliavano tra loro. E avevano questa inimicizia con la lingua: i comunisti si esprimevano meglio di loro, avevano un certo rispetto per la sintassi. Anche se pure loro, quando imitavano il linguaggio sovietico, erano tremendi. Quella dei democristiani invece era la lingua dei giuristi e dei professori: la peggiore lingua italiana. Non amavano che le cose fossero dette chiaramente, inseguivano l'ambiguità, preferivano il grigio ».

In questo salotto giallo affacciato sui Parioli non ci sono libri. Neanche uno: del resto le cose importanti stanno quasi sempre altrove. Non molto più in là ci sono le stanze dell'amore che si spalancano una sull'altra. E sono tutte biblioteche. Pietro Citati aspetta di raccontare la sua vita « cominciata per caso, perché per caso sono nato a Firenze, dove mio padre lavorava per la Navigazione Italia ». Intanto è subito chiaro che non bisogna dir male del giornalismo, è subito chiaro che qui non si possono dire, con Balzac nelle *Illusioni perdute*, cose come « quei luoghi malfamati del pensiero detti giornali ». Perché, avverte il padrone di casa, « a me il giornalismo ha dato tantissimo ». E poi naturalmente i libri: in totale la sua biblioteca, sparsa per due case, conta trentamila volumi. I libri al centro della vita, ecco un'altra cosa da non dire. « I libri sono la vita, io non ho mai saputo distinguere tra vita e letteratura. Il primo che ho letto è un libretto francese per bambine, di Madame de Ségur, la storia di una pestilenziale ragazzina di nome Sophie. L'ho trovato in casa: in casa mia si parlava francese, come spesso nel Nord capitava alle famiglie borghesi, e come si legge nei romanzi russi. »

*Lei non è cresciuto a Firenze però.*

Quando avevo due anni, nel 1932, mio padre venne trasferito a Torino, che infatti è la città della mia infanzia e della mia giovinezza. Se devo pensare a qualcosa che mi appartiene, devo tornare lì con il pensiero. Un luogo bellissimo, elegante, non abbastanza conosciuto dagli italiani. Mi piace l'allure barocca, il centro seicentesco, settecentesco. Ha angoli stupefacenti e insperati, come la Consolata del Guarini che sembra una chiesa orientale. Gli studi li ho fatti a Torino, dalle elementari al liceo.

*Il ginnasio al mitico D'Azeglio?*

Sì, ma nel '42 sono cominciati i bombardamenti, molto violenti, su Torino e siamo andati in Liguria, a Cervo, vicino a Imperia, dove avevamo una casa. Dal '42 al '45 non sono andato a scuola, il che era meraviglioso, perché studiavo un po' il greco e il latino con un professore, ma poi ero libero. C'era un appartamento sotto il nostro, dove erano raccolti tutti i libri di famiglia, quelli della famiglia di mia madre e quelli della famiglia di mio padre. Erano tantissimi. Stavo lì tutto il giorno, in una beatitudine assoluta. E anche in una libertà assoluta: nessuno sceglieva per me quello che dovevo leggere. Il palazzo era una vecchia casa seicentesca, molto grande. L'appartamento-biblioteca era nel seminterrato: io andavo lì e leggevo, senza nessun criterio, senza nessun ordine. Leggevo anche cose insensate: ho letto tutti i numeri di una rivista letteraria del periodo Liberty, che si chiamava *Emporio*. Oggi è sconosciuta, ma ai tempi era una famosa rivista d'arte e di letteratura che teneva informati gli italiani su quello che accadeva, soprattutto in Francia. Così incontrai Mallarmé, Verlaine, Valéry. Ho imparato tutto lì, e questa circostanza ha molto influenzato il mio gusto. L'occhio era quello di cinquant'anni prima: ancora oggi penso alle cose dell'Ottocento e del primo Novecento con l'occhio del Liberty. In quella casa ho incontrato Shakespeare, nella traduzione del Mattei, una non buona traduzione ottocentesca. E così anche per Byron.

*Fuori, la guerra.*

In quella zona della costa ligure c'erano spesso scontri a fuoco tra partigiani, tedeschi e repubblichini. I miei due più cari amici morirono: uno fucilato dai nazisti e l'altro in combattimento con i partigiani, sulle colline dietro casa mia. Io vivevo invece in una condizione di beatitudine. Qualche volta accadevano anche cose divertenti. Un giorno mi affacciai da una finestra di casa, che era alta sul mare, e c'era un sommergibile inglese che emergeva. Vennero tutti quanti fuori, fumavano la pipa. Tirarono fuori un cannoncino e spararono su alcune navi in costruzione, dopo aver bevuto il tè. Oppure la notte arrivavano le navi di fronte a Imperia e cannoneggiavano la città. Per me la guerra, a parte la tragica scomparsa dei miei amici, fu un grande divertimento.

*Poi il regime è caduto.*

Quando la guerra è finita avevo quindici anni e qualche mese, siamo tornati a Torino. Mi sono iscritto alla prima liceo, il mio compagno di banco era Gianni Merlini, che sarebbe diventato direttore e poi presidente della Utet. Contro il parere di mia madre e di mio padre, sono andato alla Normale di Pisa e mi sono iscritto a Lettere moderne. Ho fatto male, perché il professore più bravo era Giorgio Pasquali, un grandissimo filologo classico, grecista: avrei dovuto fare Lettere classiche. Mi piaceva la letteratura, anche se non ne sapevo nulla. I miei genitori non volevano, mi dicevano di fare Legge, volevano che diventassi avvocato. Ho fatto quello che desideravo, anche se ero molto dubbioso. Al liceo tra l'altro io ero bravo in matematica, più che nelle materie umanistiche. Be', poi all'università ho conosciuto quella che sarebbe diventata mia moglie. E trascorrevo con lei ore molto piacevoli, a spasso per i giardini di Pisa.

*Com'era la vita alla Normale?*

Il bello era che non era importante fare gli esami. Facevamo gli esami come in una qualunque facoltà di Lettere, ma più importante era ciò che studiavamo per conto nostro. Ogni anno c'era un colloquio, con una tesi di un centinaio di cartelle su un argomento a nostra scelta. Il primo anno scrissi una tesi a proposito delle idee di Leopardi sulla poesia, il secondo anno – senza tradire Leopardi – mi occupai delle varianti dei *Canti*. Per il resto non era una gran vita. Lei non può immaginare fino a che punto si faceva la fame in Italia, nel '47. Non si mangiava, di fatto. La grande cosa per noi studenti era la pasta asciutta una volta alla settimana. Carne praticamente mai. Gli altri giorni c'era una broda, più che un brodo. Minestre, zuppe allungate e pane, solo pane che era ancora tesserato. E poi c'erano degli stranissimi animali che avrebbero dovuto essere polli, ma non sembravano affatto polli. Li chiamavano « vipistrelli » quegli esseri magri e macilenti: erano polli del Dopoguerra. A casa mia erano ricchi nel periodo tra le due guerre, ma mia madre aveva perso i suoi capitali e anche in casa si faceva la fame.

*Cos'era il fascismo per un adolescente?*

Ricordo precisamente, con assoluta nitidezza, cosa è stato. Conservo ancora l'odore, il profumo del fascismo. Un olezzo terrificante: puzza di miseria, di conformismo, di meschinità. In casa mia non erano tanto fascisti, ma nemmeno antifascisti. Il sabato mio padre doveva andare alle adunate e allora doveva mettersi la divisa da fascista. E la cosa gli ripugnava moltissimo. Ricordo che io lo spiavo mentre si vestiva davanti allo specchio e si guardava con un disgusto e un disprezzo di se stesso come non ho mai visto. Ma la mia famiglia, alla fine, non era antifascista: durante la guerra di Spagna erano dichiaratamente schierati con i franchisti, per l'intervento dell'Italia in Spagna.

*Dura ancora il dibattito su quegli anni.*

In Italia abbiamo fatto poco e male i conti col fascismo. In Germania, anche se non subito, c'è stata una grande presa di coscienza di cos'era stato il nazismo. Mi pare che qui, nei confronti del Ventennio, ci sia stato un profondo lavoro di rimozione, di distacco, un sentimento coltivato d'indifferenza e, in troppi casi, di benevolenza. C'è ancora simpatia nei confronti del fascismo.

*Dopo l'università che succede?*

Mi sono laureato con una tesi sull'Illuminismo italiano, un terreno che dopo ho completamente abbandonato. Nel '51 ho vinto una borsa di studio a Zurigo, dove ho vissuto una dimensione accademica molto più progredita, avanzata. L'atmosfera era diversa da quella che si respirava in Italia: la Normale era da un lato profondamente crociana e dall'altro profondamente comunista. Erano tutti comunisti, non io. Per la prima volta a Zurigo ho respirato un'aria europea. E tanto più dopo, quando sono stato in Germania. Conoscevo Gianfranco Contini e per lui avevo una grande ammirazione, forse maggiore del dovuto: quel che sognavo nella vita era diventare un continiano. Non lo sono diventato e oggi dico per fortuna. Lui mi mandò a fare il lettore all'Università di Monaco, ci sono stato tra il '52 e il '54. Anni in cui per le strade non si vedevano uomini, solo donne, vecchi e bambini: gli uomini erano tutti morti. In Italia sono tornato nel '54. E ho cominciato a scrivere sui giornali. Una cosa che ha cambiato la mia vita.

*Il primo approdo giornalistico?*

C'era un settimanale che si chiamava *Il punto*: era una specie di *Mondo* meno presuntuoso e anche meno buono, un *Mondo* per i poveri. Scrivevo tre articoli al mese di letteratura contemporanea. E lì ho cominciato a legarmi al giornalismo, cui sono molto riconoscente perché ho imparato a scrivere e a scrivere per un pubblico vasto, che è tutt'altra cosa che scrivere su riviste specialistiche. Per me diventò subito molto importante. Intanto mi ero trasferito a Roma, dove viveva mia moglie. Non ho più lasciato il giornalismo: sono andato al *Corriere* nel '73, poi a *Repubblica*, poi di nuovo al *Corriere*. A trent'anni, insieme ad Alberto Arbasino, fui preso al *Giorno* di Italo Pietra. Il responsabile della pagina culturale era Paolo Murialdi. Un mercoledì scrivevo io e un mercoledì scriveva Arbasino. Lui scriveva soprattutto di viaggi, ma anche di letteratura: e spesso cose migliori delle mie. Il giornalismo mi ha dato abbastanza denaro e soprattutto una grande libertà: per questo sono molto grato.

*E Roma com'era?*

Molto più bella di adesso. Diventai subito amico di Giorgio Bassani, di Attilio Bertolucci, di Federico Fellini e di Pier Paolo Pasolini. Mi vedevo continuamente con loro: in piazza del Popolo, in via Veneto. Allora si usava molto andare a cena insieme. E poi Gadda, il più grande italiano del Novecento: mi faceva telefonate lunghissime, all'ora di pranzo. In quel momento cominciai a collaborare con Livio Garzanti, come consulente. Un uomo intelligente, un editore appassionato, con un carattere insopportabile. Andai a trovare Fenoglio per convincerlo a cambiare editore. E ci riuscii, perché lasciò Einaudi e pubblicò *Primavera di bellezza* per Garzanti. Fenoglio era alto, magro, goffo, timidissimo. E aveva il naso, il complesso del naso, un naso tutto rosso. C'era in lui un lato di eccentricità, di follia, di incantevole comicità. Lavorava ad Alba, produceva vino e teneva la corrispondenza con gli acquirenti inglesi e americani.

*Ci racconta il giovane Pasolini?*

Eravamo davvero molto amici. Lui era arrivato a Roma un anno o due prima di me. Non aveva ancora scritto *Ragazzi di vita*. Stava scrivendo le poesie – bellissime – di *L'usignolo della chiesa cattolica*, che sarebbero state pubblicate qualche anno più tardi. Ci siamo frequentati assiduamente finché lui si è occupato di letteratura. A me parevano bruttissimi i suoi film e glielo dicevo anche. Gli ripetevo che doveva tornare a scrivere libri, ma non lo fece. Il giovane Pasolini era elegante, mitissimo, molto dolce. Fu Moravia ad avvertirmi della sua morte. Quando c'incontravamo a cena, lui alle dieci s'infilava gli occhiali neri e andava alla stazione dove trovava ragazzi, li portava in campagna e lì succedevano cose indicibili. Si faceva legare e fustigare. Ed è stato così che l'hanno ucciso, alla fine. Il movente non lo so: i soldi, i giochi sessuali. Forse volevano rubargli la macchina. L'hanno sventrato, passandogli sopra con l'auto: una morte orribile, povero Pier Paolo. Quando era giovane, portava la sua omosessualità con estrema grazia, negli ultimi anni no. L'omosessualità era davvero un'ossessione, non pensava ad altro.

*Un altro suo grande amico era Italo Calvino.*

Lo conobbi a Torino. Si teneva una discussione pubblica: io rappresentavo la gioventù socialdemocratica, cioè nessuno, lui quella comunista, cioè tutti. Diventammo subito molto amici. Era simpatico, girava per la città gelida d'inverno con i sandali, vestito come se fosse stato a Cuba. Lui aveva casa a Sanremo, io a Cervo. D'estate ci vedevamo sempre lì: veniva a trovare la madre, una bravissima floricoltrice. Passavamo la stagione insieme, andavamo al mare, facevamo lunghi bagni. Intanto, assistevo ai suoi amori. Quello con Elsa De Giorgi: lei era innamoratissima, lui credeva di esserlo e non lo era per niente. Lei prendeva una casa vicino alla sua, lo costringeva a invitarci a cena in ristoranti costosissimi. Lui soffriva moltissimo: era povero e avaro. Ma ci siamo frequentati sempre: a Torino, a Parigi, a Roma.

*L'ultima volta in cui lo ha visto?*

Due sere prima dell'ictus, venne a cena da noi in Toscana: era di ottimo umore. Fu divertentissimo. Lo vidi al mare il giorno dopo. Poi ebbe il colpo e cadde a terra, fu portato a Siena dove lo operarono solo perché era Italo Calvino. Avrebbero dovuto lasciarlo morire: non c'era speranza che sopravvivesse.

*Amavate entrambi Roccamare.*

Fui io che gli feci conoscere quel luogo e quel pezzo di terra dove costruì la casa. Gli piaceva molto starci: lavorava lì. Italo scriveva nel totale chiasso. Nella stanza accanto c'era la moglie che chiacchierava ad altissima voce con le amiche, nel suo accento argentino, e lui stava appollaiato accanto a loro senza essere per nulla disturbato. Io non avrei mai potuto. Facevamo tra noi *petite conversation*, parlavamo davvero di tutto. Politica, libri, cose quotidiane, la vita della spiaggia. Ho amato tantissimo i suoi libri, me li faceva sempre leggere prima di pubblicarli. Delle *Città invisibili*, il mio preferito tra i suoi, mi fece leggere prima il ritratto delle città. Si ricorda che *Le città invisibili* sono fatte di brevi racconti delle città e un dialogo intorno a ognuna di esse? Mi fece vedere una cinquantina di pagine, bellissime, poi fece la cornice e la cornice io la vidi solo pubblicata. Tra i libri giovanili, amo soprattutto *Il barone rampante*.

*A Roccamare c'è una specie di comunità: a un certo punto arriva anche Carlo Fruttero, che oggi è sepolto lì.*

Io avevo comprato la prima casa, che stava a venti chilometri nell'entroterra, nel '64. E circa vent'anni dopo mi trasferii sulla costa, a Roccamare. Gianni Merlini e Fruttero decisero di fare, per risparmiare, una casa vicino all'altra. E le costruirono lì. Carlo ci passava moltissimo tempo, negli ultimi anni anche l'inverno. Con Fruttero, come con Calvino, la piccola conversazione era incantevole.

*E Lucentini?*

Non si vedeva quasi mai a Roccamare perché passava l'estate a

Fontainebleau. Loro due erano veramente una coppia e la cosa più singolare era come scrivevano. Carlo me lo spiegò: prima decidevano insieme l'argomento del romanzo, lo discutevano. Nella prima fase quello attivo era soprattutto Lucentini, che portava le idee. Poi arrivava il momento dell'esecuzione, che comunque era nello stile di Fruttero. Lucentini avrebbe voluto scrivere in una specie di sottolingua, mentre Carlo impose la sua lingua semi-inglese, una lingua molto bella. Ognuno si prendeva una parte e la scriveva. Poi le confrontavano e le mettevano insieme, dopo averle corrette. Da raccontare sembra semplice, in realtà dev'essere stato complicatissimo. Non a caso ci sono pochissime coppie letterarie; mi vengono in mente i fratelli Goncourt, che poi quasi mai scrissero insieme. Una delle cose più strane era la questione dello stile, evidente quando scrivevano articoli sulla *Stampa*, perché erano firmati da entrambi. Ma si vedeva benissimo quali erano scritti da Fruttero e quali da Lucentini. Che, tra l'altro, non veniva mai al mare per timore di prendersi il raffreddore e anche in piena estate si metteva la sciarpa!

*La letteratura italiana ha smesso di produrre cose potabili?*

Be', fino a un certo punto ci sono state cose eccelse: Bertolucci e Caproni, due grandi poeti; Luzi un po' meno, secondo me. Nella prosa c'erano Gadda, Calvino. Pasolini narratore non è un granché. Né *Ragazzi di vita* né *Una vita violenta* sono grandi libri. La sua migliore produzione è quella poetica. Ho smesso di leggere i contemporanei tanti anni fa: librerie e classifiche sono intasate per lo più di robaccia.

*Dicono che la forma romanzo non esista più.*

Il romanzo è sempre esistito e non è mai esistito. Il romanzo è una forma letteraria che nega se stessa e cerca se stessa. Ci sono molte spiegazioni sociologiche, che tirano in ballo il consumismo, per esempio. O la tecnologia. Ma secondo me sono cose secondarie. Io penso, l'ho detto spesso, che sia una questione di cicli, la letteratura s'addormenta.

*Non è che la società attuale è meno interessante?*

La società è quella che inventano gli scrittori.

*Quando Balzac nella* Comédie...

... ma la *Comédie* è completamente inventata da Balzac. Crede che la società del '34, del '35 fosse così interessante?

Splendori e miserie delle cortigiane *racconta una storia universale: forse non siamo più capaci di raccontare.*

Vede che ho ragione io? Non è che la realtà è meno romanzesca. La realtà è sempre romanzesca, quando uno scrittore la vuol fare apparire. La verità è che ci sono scrittori che non sanno inventare la realtà. Il perché non lo so: me l'avranno chiesto centinaia di volte ma non so rispondere, se non dicendo che la letteratura ora ha dimenticato se stessa. La degradazione della società non è una spiegazione, è un'idea che utilizziamo perché non sappiamo dare risposte.

Certo, la letteratura vale meno.

*Quando ha smesso di leggere i contemporanei?*

Negli anni Ottanta. Forse anche un po' prima.

*Li legge i libri dello Strega?*

Per carità, no. Da anni: li mando direttamente al mio libraio. I premi letterari oggi non sono niente. Pensi quando allo Strega concorrevano Tomasi di Lampedusa e Calvino contemporaneamente... adesso, non so neanche chi l'ha vinto quest'anno.

*L'ultimo è stato* Il nome della rosa*?*

Non l'ho letto. Arrivai a pagina quaranta, alla descrizione di una chiesa medievale: talmente incompetente che non potevo andare avanti. Di Eco ho letto solo *Il pendolo di Foucault*, un brutto libro, ne ho scritto malissimo. Secondo me, Umberto Eco non esiste come scrittore.

*I libri più riletti?*

Il *Faust*. La *Recherche*. *Guerra e pace*, in quest'ordine. Poi tantissimo Flaubert e Balzac.

*E Dumas?*

Un incanto. Uno scrittore molto più grande di quanto non si pensi.

*Come spiega la cattiva fama dei* Promessi sposi*?*

L'unico romanzo divertente della letteratura italiana, un grandissimo romanzo d'avventura! Lo leggevo in classe, quando insegnavo negli avviamenti a Roma, dove c'erano bambini che a malapena sapevano l'italiano. E a loro piaceva moltissimo. Il guaio è che la scuola lo presenta come una cosa ideale. Non è tanto che te lo fanno leggere, è che te lo fanno leggere come esempio virtuoso. Ma non lo è affatto, basta vedere come finisce. La notte dei guai – quando Renzo e Lucia cercano di farsi sposare da don Abbondio e non ci riescono, intanto i bravi vanno a casa di Lucia e non la trovano, e suonano le campane – è di un romanzesco meraviglioso... Nell'Ottocento lo leggevano bene, lo leggevano così, a parte qualcuno che lo leggeva per via della religione.

*La nostra è l'Età del ferro della letteratura?*

Non credo. Non sono così pessimista. Pensi a cosa è stata la letteratura mondiale da Goethe fino al 1950: secoli meravigliosi. Oppure la letteratura italiana: tra la fine del Trecento e la fine del Quattrocento tace per un'ottantina di anni. Come dicevo prima, la letteratura ha periodi di profondo sonno, di letargo. Si dimentica di se stessa e scompare cadendo nell'oblio. La letteratura obbedisce non a ragioni storiche, ma biologiche: è stanca e si riposa.

*15 dicembre 2014*

## *Italia, un Paese maleducato*
## Incontro con Massimo Fini

Conosco Massimo Fini da prima che il *Fatto* vedesse la luce nel settembre del 2009. Lo ricordo sul glorioso *Indipendente* e pure in una sua avventura che qui non è citata, *Giudizio universale*. I suoi ritratti erano di una perfidia sublime, di quelle che si possono solo invidiare e a cui è difficile pensare di ambire, se non ne sei dotato. Mi ha sempre colpito il suo sguardo laterale sulle cose, e anche l'essere *naturaliter* fuori dal coro. Negli anni in cui sono stata responsabile delle pagine culturali del *Fatto*, ho avuto il piacere di passare e titolare la sua rubrica, « Battibecco », che usciva tutti i sabati. La mia, « Fatti di vita », esce il giorno dopo, la domenica. In questi cinque anni avrei spesso voluto chiedergli di fare scambio, io il sabato e lui la domenica, per avere libero il weekend intero. Ma non ne ho mai avuto il coraggio.

La prossimità di giorni delle rubriche nella pagina dei commenti ha però prodotto anche una conseguenza: tutte le volte che lui scrive qualcosa sulle donne, mi tocca rispondergli. È successo la prima volta nel 2010, con un pezzo piuttosto esplicito in cui Massimo ostentava le sue – diciamo così – perplessità sulle donne moderne. Tutte carriera e palle da dimostrare di avere, così poco dolci e rassicuranti. Il pezzo finiva con un'affermazione piuttosto forte: « Meglio soddisfarsi da soli dietro una siepe ». Ridemmo tutti alla pubblica lettura del pezzo e io considerai la chiusa per quello che mi sembrava essere, una provocazione. E così il giorno dopo, mentre gli rispondevo sul giornale (cosa che bisognava fare perché la segreteria era stata sommersa di proteste espresse in qualunque forma), cercai un tono che non fosse indignato. C'è poco da indignarsi: le conquiste non sono più negoziabili, né in discussione. E io trovavo così dolce (e utile) questa preghiera che era in fondo una domanda di tenerezza. I maschi, su queste cose, bisogna prenderli poco sul serio. Specialmente se sono così intelligenti e allergici ai luoghi comuni. Il guaio è che il tono che a me sembrava giusto è sembrato troppo accondiscendente alla maggioranza delle lettrici. Con le quali mi scuso, spero però che questa intervista chiarisca un po' meglio anche questo punto: non sono mai le bandierine a dimostrare qualcosa. Non sono i governi formati da otto maschi più otto femmine a raccontare un Paese libero e liberato.

Si vedono i grattacieli dalla finestra di questa casa in zona Repubblica. Ma è molto più interessante guardare dentro il salotto che così tanto assomiglia a chi lo abita. Due macchine da scrivere, librerie sterminate, divani scoloriti, quotidiani sparsi, un tiro a segno al muro, pacchetti di Gauloises rosse a cui staccare il filtro. Massimo Fini ha la sua divisa, maglietta e camicia di jeans, in faccia un sorriso irriverente, come tutto il resto di lui. Si comincia subito, quasi prima di sedersi, e subito la prima cosa sono i giornali (*Il Fatto*, l'ultimo approdo). La bussola dell'inquieto girovagare tra i quotidiani è la libertà: l'autonomia, la dignità, il potere, quelli che pagherebbero per vendersi. Con Dostoevskij nei *Fratelli Karamazov*: «Quale libertà ci può essere se l'obbedienza la si compra?» L'alba è il 1943, l'anno delle bombe terribili su Milano.

«Potrei dire, con più ragioni di Bernard-Henri Lévy, che sono figlio di due dittature. Mio padre era un pisano antifascista, a un certo punto venne costretto a emigrare in Francia. Mia madre era un'ebrea russa: per motivi uguali e contrari fuggiva dal bolscevismo. S'incontrano a Parigi, dove vivono fino al '40. Quando Italia e Francia entrano in guerra, mio padre decide di tornare. E fa quel pochissimo di resistenza che si può fare al *Corriere della Sera*, senza vantarsene mai. Mia sorella nasce a Parigi nel '35 e io nel '43, nel momento più tragico della Seconda guerra mondiale, a Cremeno sul lago di Como, dove i miei erano sfollati.»

*E poi, Milano.*

Prima vivevamo in periferia, in una casa diroccata, molto bella.

Quando venne costruita la casa dei giornalisti ci trasferimmo. Mio padre faceva il giornalista, ma io sono entrato in questo mondo quando lui era morto da dieci anni e in un giornale, l'*Avanti!*, dove se avessero saputo che ero figlio di mio padre non mi avrebbero mai preso.

*Il primo lavoro è stato alla Pirelli.*

Era il '69, mi ero appena laureato in Giurisprudenza. Avevo fatto un liceo sciagurato, tipo che in greco non avevo mai preso più di tre. Avrei voluto fare Filosofia, non avevo le basi. Volevo fare bene l'università e infatti ci sono riuscito perché mi sono laureato con la lode. Aggiungo che mi è servito aver studiato Legge. Non tanto perché ho cominciato come cronista giudiziario, ma perché la logica formale del diritto mi è stata utile. Soprattutto nelle polemiche.

*Uno non s'immagina che lei abbia lavorato all'*Avanti!

È stato un periodo meraviglioso. Erano socialisti molto diversi, non erano al governo. Era un ambiente molto libertario, che mi suonava dentro. Io poi lavoravo all'*Avanti!* di Milano, che era molto meno politicizzato di quello romano. Il capo era Ugo Intini, una persona onestissima e la cosa è clamorosa perché è difficile mantenersi onesti in un posto dove poi quasi tutti sarebbero diventati ladri. Eravamo in ventidue, undici erano funzionari di partito ma non contavano nulla, facevamo tutto noi.

*Era stato compagno di banco di Claudio Martelli.*

Al liceo. Però mi sono allontanato da Claudio nel momento della sua ascesa: non concepisce che l'amicizia resti un'amicizia, avrei dovuto, secondo lui, supportarlo nella carriera. Ma io non sono nato per fare il servo né di Martelli né di nessun altro. Quindi si è rotto il nostro legame, poi ripreso nel momento della caduta. L'ho chiamato io, non c'era più nessun equivoco.

Per un po' ci siamo frequentati, anche con le nostre fidanzate. Lui ne aveva, come sempre, una molto carina. Era la figlia dell'ex dirigente del Sisde Michele Finocchi, ma era una bravissima ragazza. Poi quando risale – anzi: pensa di risalire – scompare come fa sempre. Ricade e si rifà vivo. Come quando si è separato dall'ultima moglie, che aveva improvvidamente sposato quando aveva cinquantotto anni e lei ventotto. Lei l'ha lasciato per un altro e questa cosa l'ha ferito a morte. Martelli è uno che quando tutti lo sfanculano, dice « ho sfanculato tutti ». In quel caso era veramente un uomo dolente.

*Ma l'*Avanti! *è una storia breve.*

Dopo un anno e mezzo ricevo contemporaneamente due proposte, una dall'*Europeo* e l'altra dall'*Espresso* attraverso Camilla Cederna. Scelgo l'*Europeo* per ragioni totalmente irrazionali. Una sera un collega mi aveva detto: « Si sa com'è con quelli come te. Stanno da noi un anno e poi vanno all'*Europeo* ». E io scelsi l'*Europeo* sulla base di quest'affermazione.

*Chi lo dirigeva?*

Il mitico Tommaso Giglio, un sadico da cui io mi sono salvato in modo molto puttanesco perché ero molto giovane e lui non aveva figli. Era bravissimo, ma ci costringeva a non fare i riposi, spolpava i colleghi. Resto fino al '79, quando arrivano i socialisti. E allora me ne vado: l'*Europeo* era sempre stato lontano dalla partitocrazia. Io lo definivo il giornale di destra più a sinistra o il giornale di sinistra più a destra. Succedevano cose incredibili, poco professionali. Un inviato arrivò da un altro giornale, a patto che fosse assunta anche la fidanzata, una con un bellissimo culo ma assolutamente incapace. Avevamo una straordinaria segreteria di redazione, rimpiazzata da bellissime ragazze che però non erano in grado di prenotare un volo: so ancora a memoria il numero dell'Alitalia di allora.

*C'era anche Oriana Fallaci.*

Con lei ho avuto un buon rapporto per un certo periodo. Poi siccome litigava con chiunque, ha litigato anche con me. Una piccola casa editrice le aveva chiesto di scrivere un'autobiografia per le scuole. Lei non aveva tempo e mi disse se volevo scriverla per lei. Accettai volentieri per stare a fianco di uno dei miti del giornalismo italiano. Abbiamo lavorato a questa cosa per un po'. Poi si è giustamente accorta che era uno spreco dare la sua vita a me. Ma siccome lei era fatta com'era fatta, non mi disse questo. Mi disse che improvvisamente aveva scoperto che ero una spia della Cia. Allora era antiamericana, quando passeggiavamo per Firenze bisognava sempre nascondersi dentro un portone perché, nel suo egocentrismo, era convinta di essere inseguita da qualche agente. Io sorridevo di questa megalomania, considerandola innocente. Poi mi sono un po' ricreduto.

*Stava con Panagulis allora.*

Lui era un viveur simpatico e divertente. La trattava in modo piuttosto rude. Mi ricordo una sera al ristorante, lui la prese a ceffoni davanti a tutti: era l'unico modo di trattarla, altrimenti lei ti mangiava, ti portava all'esasperazione. Era un periodo bello per Oriana: sentimentalmente era appagata, anche se Alekos aveva altre donne. Quando lui morì, per lei fu una mancanza terribile: perse lui e insieme i limiti che le dava. Il suo ego esplose.

*Dopo l'*Europeo*?*

Sto a spasso, vivo di collaborazioni. Poi faccio *Pagina* – una rivista liblab in cui io portavo l'anarchismo che è sempre stato il mio tratto – con Aldo Canale, un vero genio. Abbiamo molte colpe, però: abbiamo fatto scrivere per la prima volta Giuliano

Ferrara, anche se lui nega. E poi Ernesto Galli della Loggia e Pigi Battista, che era il nostro ragazzo di bottega. Bravissimo, oggi totalmente guastato nel fare il mestiere. C'era anche uno sconosciuto Paolo Mieli.

*Cosa nega Ferrara?*

Che *Pagina* sia stato il suo esordio. In realtà lui aveva scritto solo per giornali sindacali. E *Pagina* era un giornale di nicchia che comunque vendeva tredicimila copie. È durato cinque anni. Ma è stato una grande avventura.

*Poi arriva* Il Giorno.

Mi telefona Guglielmo Zucconi e mi dice: « Vorrei far commentare l'enciclica del papa *Laborem exercens* da un cattolico e da un laico. Te la senti? Manda per le quattro ». Era mezzogiorno! Corro all'Ansa per avere delle anticipazioni, poi telefono a un mio amico comunista, perché i comunisti degli affari della Chiesa sanno tutto. Mi dà due dritte e faccio il pezzo, che sarebbe poi finito in prima. L'origine però era un'altra. Il vice di Zucconi, Magnaschi – il miglior direttore che io abbia mai avuto – mi leggeva su *Pagina* e gli piacevano molto le mie stroncature. È lui che mi ha inventato come polemista.

Con Zucconi, verso la fine degli anni Novanta, succede una cosa divertente: sono senza lavoro, lo chiamo perché lui è direttore editoriale del *Giorno*. Mi porta a colazione in un ristorante in via Senato, ma capisco che non è tanto convinto di spendersi per me. Usciamo e all'incrocio con piazza Cavour una ragazza che passa in bicicletta inchioda, ignorando completamente lui. E mi dice: « Tu sei Massimo Fini! Ti leggo ». Visto che lei era veramente bellissima, io ero preso da due contrastanti pulsioni. La cosa faceva un certo effetto al vecchio Zuc, ma non potevo chiederle il numero di telefono perché c'era lui. Ho lasciato andare via la ragazza, però sono rientrato al *Giorno*.

*Il suo tempo di permanenza nei giornali è breve.*

Non mi sono mai trovato bene in nessun ambiente, tranne forse all'*Indipendente* di Feltri. Un'altra grande avventura. Eravamo liberi, liberi sul serio: il sogno di ogni giornalista. Quando venne arrestato durante Mani Pulite il nostro amministratore delegato, noi uscimmo sparandolo in prima pagina, senza sconti. A Vittorio rimprovero di essersene andato: aveva fatto un miracolo, tenendo insieme teste, culture, visioni del mondo completamente opposte. È stato un grande giornalista, il miglior direttore della sua generazione. Purtroppo ha la moralità di una biscia.

*Ci querela.*

Sono sempre stato la sua cattiva coscienza, anche se ora abbiamo litigato in maniera irrimediabile.

*Lei è stato un grande giocatore di poker.*

Ho giocato, tra i tanti, anche con Raul Gardini, quando nessuno sapeva ancora chi fosse. Ma da come giocava si poteva capire la fine che avrebbe fatto: alzava continuamente la posta. Io non sono un vero giocatore, a me piaceva vincere. Il mio educatore sentimentale, Diego, invece era un giocatore. Come aveva vinto a Campione bisognava precipitarsi ai cavalli – gli stramaledetti quadrupedi – dove perdeva tutto quello che aveva vinto. Conservo i miei quaderni del poker: su dieci partite ne vincevo otto. Il mio limite era che non accettavo di perdere e quando perdevo, perdevo parecchio.

*Ha raccontato Tangentopoli: come ha potuto il sistema sopravvivere pressoché intatto?*

Dopo Mani Pulite nel giro di due anni, con tutti i testimoni del tempo ancora vivi, si sono trasformati i ladri nelle vittime, i giudici nei veri colpevoli. E i ladri nei giudici dei loro giudici. Tangentopoli era un avvertimento, il sistema non l'ha voluto ascoltare. Ed è continuato tutto come prima. Con un'aggravante: quello che viene fuori da Roma oggi è peggio. Dire che è un fenomeno mafioso è fare un torto all'onorata società. La mafia è un cancro individuato, teoricamente combattibile. Queste metastasi appartengono a tutto il Paese e non sono più controllabili. Siamo irredimibili.

*Le monetine, infantile e violento rigurgito di coscienza, non hanno lasciato traccia. Perché?*

Le monetine erano un eccesso. Il giustizialismo ovviamente non l'ha fatto la magistratura, l'ha fatto l'informazione. Feltri *ipso*, perché poi su quel giornale toccava a me difendere i figli di Craxi, che non avevano né i meriti né le colpe del padre. C'era stata una reazione popolare, ma stampa e televisione aggiogate al potere hanno convinto la gente che i ladri erano vittime. Il *Fatto* non c'era, l'*Indi* era morto perché Feltri se n'era andato e se n'era andato con praticamente tutti tranne me.

*Poi arriva Berlusconi. L'ha conosciuto?*

Lo vedevo giocare a calcio dai salesiani, quand'era ragazzino: pretendeva di fare il centravanti e non passava mai la palla. C'era già tutto lui... Quelli così li chiamavano «Venezia», non so più dire perché. Decenni più tardi, l'*Europeo* mi manda a fargli un'intervista sul calcio. Mi è parso subito molto fuori posto, rispetto a dove abitava: con Villa Casati-Stampa, così elegante, non c'entrava niente. Ha altre qualità, non è un uomo elegante. Comunque a un certo punto, infastidito, mi dice: «Perché mi fa solo domande cattive?» Alla fine sono arrivate Barbara ed Eleonora: ho scritto che erano infiocchettate come uno pensa che i ricchi infiocchettino le loro figlie. Questa cosa l'ha fatto imbufalire, ovviamente ha protestato con il direttore. Un'altra volta ero a San Siro, ma non si poteva più andare nei popolari perché erano riservati agli abbonati e in curva nemmeno perché ero con mio figlio piccolo. Morale: finisco in tribuna d'onore, non proprio il mio posto. E c'era Berlusconi così vicino che avrei potuto ucciderlo, visto che non ci sono controlli all'ingresso. Ma non volevo passare alla storia per essere il killer di Berlusconi! Nell'intervallo molti colleghi importanti – Ostellino, Pirani – si affollano vicino al Cavaliere. Lui a un certo punto lascia tutta questa compagnia e si avvicina. E mi dice: « L'ho vista ieri al *Costanzo Show* ». Io, secco: « Lei guarda proprio tutto ». E me ne vado. Sapeva che ero un antipatizzante, ma lui ha bisogno che tutti gli vogliano bene. Non rinuncia mai a sedurti. Nel '96, sotto elezioni, mi chiama la direttrice di *Annabella* e mi chiede di intervistare Berlusca. Chiamo l'ufficio stampa a Roma e lì ho la prima sorpresa perché mi risponde Bonaiuti. Ora, quando eravamo a Roma Bonaiuti era più a sinistra di satanasso e io ero un fascista. Comunque, l'accordo è che io avrei inviato domande scritte e che poi ci saremmo visti ad Arcore. Bonaiuti, lette le domande, mi avvisa che ce ne sono alcune che non vanno bene. L'intervista non si è mai fatta. Allora gli ho scritto un biglietto: « Egregio Cavaliere, l'ho sempre criticata ma non le ho mai negato il coraggio. Vederla fuggire come una lepre impaurita davanti a tre domande non mi sembra degno di lei ». Dopo tre ore arriva un fattorino gigantesco a questa porta e mi consegna una lettera piena d'insulti. Come scrive Nietzsche, anche la lettera più violenta è sempre meglio del silenzio.

*Cosa poteva importare a Berlusconi di lei?*

Lui ha questa attenzione agli altri, proprio per via del suo sconfinato narcisismo. Una cosa che la sinistra non ha ed è il motivo del suo fallimento: questi girano con un'immotivata puzza sotto il naso, un atteggiamento che poteva avere Amendola. Oggi un qualunque Pecoraro Scanio si permette d'ignorarti. Tornando alla domanda sul dopo Mani Pulite e Berlusconi: quando il potere è in difficoltà si affida sempre all'uomo nuovo. Allora c'era il Berlusca, adesso c'è questo Quaquaraqua.

*Renzi, dice?*

Sì, non mi piace per niente: basta guardarlo negli occhi per capire che è meglio non fidarsi. Sarò un uomo del Pleistocene, ma vorrei che le cose non fossero cinguettate via Twitter. Vorrei che venissero decise dal Consiglio dei ministri, portate in Parlamento, approvate. La politica degli annunci fa sì che non sai mai se un provvedimento esiste o è solo una chiacchiera. Renzi è un Berlusconi molto meno divertente.

*Il governo è stato inaugurato dal proclama sulla parità di genere.*

Una boiata. Non bisogna considerare le donne dei panda, è assolutamente insultante.

*Tutte le volte che lei scrive qualcosa sul tema donne-uomini scoppia la terza guerra mondiale.*

Mi odiano le femministe e le brutte.

*Per favore, il razzismo estetico no.*

Per noi la bellezza di lei è un valore perché sennò non siamo in grado di andarci a letto. Dice Georges Bataille in *L'erotismo* che la bellezza, l'umanità di una donna concorre a rendere sconvolgente l'animalità dell'atto sessuale. «Non c'è nulla di più deprimente per un uomo della bruttezza di una donna sulla quale non risalti la laidezza dell'atto sessuale. La bellezza conta in primo luogo perché la bruttezza non può essere sciupata, là dove l'essenza dell'erotismo risiede nella profanazione.»

*Visione maschile di tutta la faccenda.*

Vero. E sono generalizzazioni. Ma la penso così.

*L'amore?*

È un'illusione necessaria alla vita, per cui carichiamo l'altro di una serie infinita di aspettative. Poi ti svegli di notte, ti giri, guardi la donna che dorme vicino a te e pensi: perché sto con questa qui?

*L'uomo più straordinario che ha incontrato?*

Rudy Nureyev, magnetico. L'ho visto la prima volta a una festa di « ragazzi così » – il modo con cui allora s'indicavano gli omosessuali del jet set – in una villa di Monte Carlo. Alle tre arriva lui, completamente ubriaco: si aprivano bottiglie di vodka e, alla moda russa, si buttavano alle spalle. La casa però era piena di specchi... Lui prende un ragazzo italiano molto bello, lo trascina in un ballo forsennato e in un attimo sparisce con lui in una stanza. La seconda volta l'ho visto alla Scala. Balla per cinque minuti e si pianta in equilibrio perfetto su una punta. Dal loggione uno grida: « Dio ». La terza volta, lo intervisto al bar del Covent Garden di Londra e mi porto mia madre. Sapevo che gli omosessuali amano le vecchie signore e poi lei era russa. Era infagottato in un'orrenda tuta, eppure si percepiva chiaramente il sex appeal. Aveva occhi difficili da guardare, dentro c'erano come delle fiammelle dorate. E sotto una fissità maniacale.

*In un'intervista al* Corriere *ha parlato del suo incontro con Vallanzasca.*

Ho cenato a casa sua pochi anni fa. Non è più il bel René, ha tutta la faccia spaccata perché in prigione gliene hanno fatte di tutti i colori. Rappresenta la vecchia malavita con un codice d'onore. La prima volta che lo prendono a Roma, negli anni Settanta, in mezzo alla follia sociologizzante dell'epoca un giornalista gli domanda: « Lei si ritiene una vittima della società? » E lui: « Non diciamo cazzate ». L'avrei graziato solo per questo. Ha sempre ammesso le sue responsabilità e ha sollevato altri che erano stati ingiustamente accusati al posto suo. È un bandito onesto in una società dove accade spesso che gli onesti siano banditi. Se mi chiede di scegliere tra Vallanzasca e la nostra classe politica, con gli affaristi di contorno, non ho dubbi. Quella malavita aveva codici e regole.

*Che faceva negli anni della contestazione?*

Il Sessantotto in Italia ha portato una sorta di conformismo al contrario. Non hanno capito che l'antifascismo non è un fascismo di segno contrario, ma è il contrario del fascismo. Se prima in università dovevi andarci in giacca e cravatta, dopo dovevi andarci con l'eskimo. E poi i pestaggi trenta contro uno erano intollerabili, vili. Ho partecipato alle due prime occupazioni, poi ho levato le tende. Io sono nato negli anni Cinquanta, eravamo tutti poveri, nessuno se lo ricorda. Ma sulla strada c'erano regole: se uno cadeva a terra, non potevi toccarlo.

*Fa il giornalista da quarant'anni: come sta il mestiere?*

Non c'è più. E non voglio dire come faceva Bocca quando stava morendo, che siccome lui stava morendo non c'era più il giornalismo. Fatico ad aprire i giornali, ormai. C'è troppo di tutto, non esiste più il merito. Le firme sono scomparse. Montanelli e Bocca, per dire i nostri maggiori, avevano fatto trent'anni di campo e poi scrivevano gli editoriali. Adesso fanno fare gli editoriali ai ragazzini, spesso non sono altro che temini del liceo. Anche perché a trent'anni, cosa vuoi avere da dire?

*E adesso, l'Italia?*

Siamo un Paese maleducato. Le persone si fanno continuamente sgarbi senza neanche rendersene conto, non esiste il rispetto dell'altro. Vedo molta mancanza di dignità, gente che si vende per niente. Se tu sei in uno stato di necessità e rubi, ti può essere perdonato. Ma non si può sputtanarsi per i cioccolatini o i boxer, e penso agli scandali dei consigli regionali. Una cosa che si riverbera anche fuori dalla politica, per cui se tu vai in piscina ti fregano un paio di slip. Sporchi.

*21 dicembre 2014*

## *Brutti tempi per i libri, trattati come ombrelli*
## Incontro con Dacia Maraini

Dacia Maraini non l'ho conosciuta di persona. Quest'intervista è l'unica che ho dovuto fare per telefono: lei si trovava nella sua casa in Abruzzo, isolata per diversi giorni da una tormenta di neve. Abbiamo passato un paio d'ore insieme al telefono, ma naturalmente non è la stessa cosa. Molte domande possibili si perdono, si dimenticano, mentre a una parentesi segue un'altra parentesi. Dacia era influenzata, faceva molta fatica a stare al telefono e anche per questo non ho voluto abusare del suo tempo.

Con lei avrei voluto parlare per esempio di *Madame Bovary*, cui Dacia ha dedicato un saggio nel quale indaga il rapporto tra Flaubert e la sua eroina, oltre il «Madame Bovary c'est moi». Non sono d'accordo su molte sue riflessioni a proposito di Emma, «ostaggio del suo autore». Abbiamo comunque fatto in tempo a parlare di tantissime cose, anche al di là del racconto di una vita decisamente fuori dal comune. Dello stato attuale della letteratura italiana, per esempio. Ho subito notato – in una donna non più giovanissima ma che soprattutto ha avuto il privilegio di confrontarsi con le più importanti voci della letteratura italiana – l'assoluta mancanza di nostalgia. Che poi si traduce anche in un'estrema attenzione verso tutto ciò che è contemporaneo, quel contemporaneo che invece chi scrive fatica così tanto a trovare interessante o degno di nota. Riconosco che è un atteggiamento universale, di ogni epoca, guardare al passato con un rimpianto desolato e sospirante: dunque forse è più una questione di sguardo, di attitudine, di esercizio.

Invece a proposito della superficialità con cui vengono oggi trattati i libri, la Maraini ha perfettamente ragione. Il mercato è in parte una risposta, perché è lo stesso mercato a trovarsi in un guado difficile, tra la forma che abbiamo sempre conosciuto fino a pochi anni fa – cioè il libro fisico, il libro oggetto – e la rivoluzione digitale che davvero non sappiamo dove andrà a parare. Una volta Gian Arturo Ferrari – uno dei più importanti manager dell'editoria italiana – mi ha detto: « La lettura non è qualcosa che si può risolvere in due ore, come un film al cinema. Io sono sempre stato progressista, credo nel progresso e nel miglioramento. Le teorie della decadenza non mi hanno mai convinto fin da quando ero giovane: allora si tuonava contro la crisi della borghesia e il 'capitalismo maturo', sottintendendo che fosse sul punto di cadere come una mela e di marcire ». Non è andata esattamente così, però io sto più con Pietro Citati e la sua teoria sulla letteratura « bella addormentata ». Del resto, mai come per queste cose, vale la scorciatoia latina del *de gustibus*.

Le radici non sono il contrario delle ali, e sono ugualmente importanti. È l'immagine che viene in mente, quando Dacia Maraini comincia a raccontare la storia della sua famiglia. Il primo a fare capolino è il nonno materno, Enrico Alliata. Come il Tolstoj degli anni della *Confessione* diventò vegetariano, vestì i panni dei contadini, prese a vivere con loro e come loro.

« Nonno Enrico andava in campagna, si occupava personalmente delle vigne e del vino: era anche enologo. Era un uomo buono e generoso. Mia nonna Sonia, invece, era figlia di diplomatici cileni, era ignorante perché non aveva studiato, come succedeva alle ragazze di allora, ma era una cantante di grande talento. Ricordo la sua voce bellissima, potente: era un soprano, aveva studiato alla Scala di Milano e con Caruso. Allora le donne di buona famiglia non potevano salire sul palcoscenico perché era considerato sconveniente. E quindi cantava alle serate di beneficenza, ma è stata frustrata tutta la vita perché avrebbe voluto fare la cantante lirica a tutto tondo, cantando nei grandi palcoscenici la grande opera. »

Dall'altra parte della storia c'è il nonno Maraini, di origine ticinese, uno scultore che si era stabilito a Firenze: il papà di Fosco.

« Era stato conquistato dal primo fascismo e dalle avanguardie del primo Novecento. Mio padre invece era ferocemente contrario, soprattutto si opponeva a qualunque tipo di discriminazione razziale. Il nonno voleva che lui prendesse la tessera per trovare lavoro e lui ha sempre rifiutato. Invece mia nonna paterna era una scrittrice, Yoï Pawlowska. Era per metà inglese e per metà polacca. Scriveva romanzi di viaggio, si metteva lo zaino sulle spalle e andava a piedi: ha attraversato la Persia con grande coraggio. Allora le donne non viaggiavano sole.»

*In* La nave per Kobe *ha raccontato, attraverso i diari di sua madre Topazia, anche la sua infanzia in Giappone.*

Avevo un anno, quando ci siamo imbarcati da Brindisi: mio padre aveva vinto una borsa di studio internazionale per studiare gli Hainu, una popolazione del Nord che ormai si è integrata coi giapponesi. Allora però avevano una loro lingua e vivevano cacciando orsi. Siamo rimasti lì fino a quando, nel '43, ci hanno rinchiuso in un campo di concentramento. Mio padre e mia madre avevano rifiutato di firmare l'adesione alla Repubblica di Salò: ci consideravano traditori della patria. La vita nel campo era fame, parassiti, freddo, malattie, tutte le malattie della denutrizione. Soprattutto ricordo i morsi della fame, era un'ossessione che ci tormentava. Non ci davano quasi niente da mangiare. Io avevo sette anni, di quel periodo mi è rimasta dentro l'idea di continua allerta, di pericolo, l'arrivo dei bombardamenti. E ancora: il filo spinato, le guardie, gli orari. Ma il problema principale era non mangiare. Giocavo con le pietre e facevo finta che fossero cibo. Immaginavo che lo fossero e mi nutrivo con la fantasia. Mio padre m'insegnava la matematica, mia madre mi raccontava le favole in mezzo alle bombe che scoppiavano vicino al campo.

*Nel '46 vi liberano.*

Sì, ma restiamo altri nove mesi in Giappone, in attesa di una nave. Non avevamo più niente, solo il vestito che ci avevano dato gli alleati. Mia madre lavorava per loro come esperta d'arte, mio padre traduceva dal giapponese. In qualche modo ce la siamo cavata. Poi siamo andati a vivere in Sicilia, in una villa molto bella che apparteneva ai parenti della mamma. Ma noi stavamo nell'ex pollaio, da cui era stato ricavato un appartamentino. La Sicilia, l'Italia tutta, era poverissima nel Dopoguerra. E noi non avevamo davvero niente. La Sicilia era dura per una ragazzina, c'era un controllo sociale continuo. Non potevo andare in giro da sola per strada, la mentalità era molto arcaica.

*Fosco che padre era?*

Era un uomo pieno di talenti. Piuttosto assente come genitore, perché girava il mondo per i suoi studi. Era un uomo straordinario. Soffrivo la sua assenza, però quando veniva da noi ci portava a nuotare, a camminare in montagna, a sciare, era un uomo che amava lo sport rischioso. Tante volte mi ha fatto prendere delle paure tremende portandomi ad arrampicare sulle rocce scoscese. Io poi che soffro di vertigini! Ma una volta gli ho salvato la vita. Perché lui doveva andare a fare una gita in alta montagna con dei suoi amici. Quella mattina io mi sono svegliata con la febbre alta e mia madre l'ha costretto ad andare a cercare un medico. Gli amici sono venuti a prenderlo e lui ha detto: « Voi andate avanti che io vi raggiungo appena posso ». Quando li ha raggiunti, dopo qualche ora, erano tutti morti sotto una slavina.

*E i libri quando li scopre?*

Subito, sempre: in casa mia non c'era niente, i libri erano l'unica ricchezza. E poi era una famiglia di scrittori. Leggevo tantissimo, era la cosa che preferivo. Al liceo ho scoperto i classici, i greci, i latini, la grande letteratura dell'Ottocento. Funzionavo così: scoprivo un autore, me ne innamoravo, lo leggevo tutto. Balzac, i trenta romanzi, li ho divorati in fila. Non avevamo soldi per comprare scarpe nuove – le facevano risuolare venti volte – e andavo in giro con il cappotto rivoltato del nonno. Però la biblioteca era immensa, era lì da generazioni. Per fortuna, dico oggi. E ho cominciato prestissimo a scrivere, sul giornale della scuola, a Palermo.

*Cosa?*

Poesie e racconti. Poi ho fondato una rivista, a diciassette anni. Si chiamava *Tempo di letteratura.* Eravamo tutti aspiranti scrittori: c'incontravamo, discutevamo, scrivevamo i nostri racconti, poi traducevamo. Con me in quest'avventura c'era Sebastiano Addamo, che poi ha pubblicato per Garzanti e Sellerio.

*Quanto resta in Sicilia?*

Fino a diciotto anni: poi i miei si sono separati. Le mie due sorelle sono rimaste con mia madre e io, che ero la più grande, sono andata via con mio padre. Ho finito il liceo al Mamiani.

*Roma com'era?*

Povera: c'erano ancora le pecore che al mattino passavano in piazza del Popolo. Era più piccola anche, perché i grandi cambiamenti urbanistici sono avvenuti nei vent'anni successivi. Ma al mio arrivo era una città vivissima, si respirava una grande voglia di libertà, dopo il fascismo. Andavamo da Rosati, che era un posto molto diverso da quello che è oggi. Non era per i turisti, era il caffè degli artisti. Incontravi Calvino, Fellini, Pasolini, Guttuso, Moravia, Natalia Ginzburg, Elsa Morante. C'erano due o tre trattorie, molto alla buona, dove ci vedevamo tra scrittori. Ma non era vita mondana. Non c'erano né macchine né vestiti eleganti, né case di lusso, né niente. Soprattutto si parlava. Anche di politica, non solo di arte o di letteratura. Quando scoppiò la guerra in Vietnam ricordo che la seguivamo con molta partecipazione, ne discutevamo di continuo. Allora io facevo teatro di strada, contro la guerra. In quegli anni ho fondato il teatro di via Belsiana e poi il teatro di Centocelle.

*Guttuso che tipo era?*

Era un uomo affascinante, con una voce meravigliosa e bellissime mani. Le donne lo adoravano, aveva un grande charme. In quel periodo, nel nostro giro, c'erano anche Schifano, Titina Maselli e Franco Angeli. E Federico Fellini: Roma era una specie di salotto, nel senso migliore del termine.

*E Pasolini?*

Pier Paolo è diventato un amico carissimo: c'era tra noi una grande solidarietà. Era uomo di lunghi silenzi, riservato, in certi momenti quasi muto. Pieno d'idee, di progetti. Insieme nel '74 abbiamo scritto la sceneggiatura di *Il fiore delle Mille e una notte*. Con le donne aveva un bel rapporto, affettuoso. La Callas era davvero convinta di poterlo convertire all'eterosessualità, una cosa assurda. Il fatto è che lui le voleva molto bene, in un certo senso l'amava. Ma non avrebbe mai fatto l'amore con una donna. Pier Paolo era un uomo coraggioso, ha sempre sfidato la vita. Anche la sua morte è stata una sfida. Non aveva paura di nulla, nemmeno dei suoi assassini. Ma purtroppo sappiamo poco della sua morte, né chi veramente l'ha ucciso né perché. L'omosessualità non c'entra per niente con la sua morte. Non dimentichiamo il caso Mattei, il lavoro che Pier Paolo stava facendo su quel mistero e non dimentichiamo le sue parole: « Io so, ma non ho le prove ». Quel suo sapere aveva impaurito chi non voleva che si sapesse.

*Leggendari sono i vostri viaggi.*

Ne abbiamo fatti molti, in India, nello Yemen, ma soprattutto in Africa. Almeno dieci volte. Viaggiavamo in gruppo, con Alberto, qualche volta ci accompagnavano Ninetto Davoli o i fratelli Citti. Dormivamo nelle tende nel deserto, nelle missioni, nelle caserme. All'avventura, sempre il più lontano possibile da mete turistiche.

*Il suo primo libro viene pubblicato quando lei è giovanissima, appena ventitreenne.*

Sì, ma avevo già pubblicato su molte riviste letterarie: *Paragone*, *Il Mondo*, *Nuovi Argomenti*.

*Che rapporto aveva con Pannunzio?*

Mario era un uomo coltissimo e molto dolce. Però coltivava alcune idee antiquate, soprattutto sulle donne. Una volta, in sua presenza, avevo fatto un apprezzamento su un uomo. Avevo detto: « Guarda che bel corpo ha ». E lui è rimasto stupitissimo, mi ha detto: « Ma io credevo che le donne guardassero solo gli occhi degli uomini ». Io mi sono messa a ridere e gli ho spiegato che un uomo poteva piacere anche per altro, al di là degli occhi. Come si guarda una bella donna, si guarda un bell'uomo. Non credo di averlo convinto, su queste cose era un po' ingenuo, un po' infantile.

*C'era anche un giovane Scalfari.*

Era un uomo molto bello. Mi ricordo una sera che diede una festa bellissima sulla terrazza di casa sua. E io mi vergognavo perché avevo un vestito che non mi sembrava all'altezza della serata, troppo povero. Sono stata povera a lungo. A proposito di uomini belli: su quella terrazza ho conosciuto anche Lucio Magri. Aveva degli occhi verdi che erano una cosa stupefacente, una potenza magnetica. Quella sera ho ballato con lui: ma non era uomo che si potesse corteggiare, era impegnato con Luciana Castellina. C'erano anche Enzo Siciliano con la moglie Flaminia, Bernardo Bertolucci, Adriana Asti, Laura Betti. Un'altra casa dove andavano gli artisti – una bella casa grande, comoda, piena di libri e di quadri, era quella di Luisa Spagnoli, la « signora perugina ». Amava moltissimo l'arte, faceva del vero mecenatismo: comprava le opere degli artisti e così li aiutava. Non solo: la sua casa era sempre aperta, i giovani pittori senza una lira lì trovavano sempre un pasto caldo. Era una donna gentile e generosa.

*Siamo negli anni Sessanta, cioè quando nasce l'amore tra lei e Alberto Moravia. Com'è successo?*

Lo conoscevo da quando avevo cominciato a frequentare Rosati. Poi avevo scritto un romanzo, *La vacanza*, che avevo proposto a un editore, il quale mi aveva detto di portargli la prefazione di un grande autore. E aveva fatto i nomi di Calvino, di Cassola, di Bassani. E di Moravia. Io ho cercato fra loro chi fosse disponibile e ho trovato Alberto che per fortuna era sempre ben disposto verso i giovani scrittori. Gli ho dato il libro, lui l'ha letto e gli è piaciuto. E così mi ha fatto la prefazione. A un certo punto ci siamo innamorati, per le consuete e misteriose strade che portano a queste cose.

*Lui era sposato con Elsa Morante e molto più vecchio.*

Si, ma erano separati da anni. Lei aveva suoi amori e lui pure. Siamo andati a vivere insieme quando io avevo ventisei anni e lui cinquantotto: ma l'amore non bada alle età. Sono stati quindici anni molto intensi, molto vivi e felici. Lui era affascinante, spiritoso, un grandissimo raccontatore di storie. La sua compagnia era una gioia. Mi piaceva moltissimo viaggiare con Alberto, proprio per questo suo modo di stare con le persone. Con Elsa non c'è mai stato un attrito, avevo un rapporto molto bello, sereno con lei. Mi chiamava quando leggeva un mio libro, parlavamo a lungo, la andavo a trovare. Si faceva il Natale a casa sua, con Visconti prima, che lei ha amato per anni e poi con Bill Morrow, un giovane pittore di cui si era innamorata da ultimo. A Elsa piaceva organizzare la pesca dei regali.

*Con Moravia vi scambiavate idee mentre scrivevate?*

A cose fatte, ma mai mentre lavoravamo. Eravamo gelosissimi, entrambi, delle nostre cose.

*Perché è finita?*

Gli amori, anche i più belli, si consumano, ci si allontana. Poi lui si è innamorato di un'altra donna, Carmen Llera, una giovanissima e bella e colta spagnola. Questo non ci ha impedito di rimanere legati e sempre molto amici. Non ci sono stati rancori o allontanamenti traumatici. Fino alla fine.

*Lei ha vinto il Campiello con* La lunga vita di Marianna Ucrìa, *nel 1990, e lo Strega con* Buio, *nel 1999. Cosa pensa dei premi letterari italiani?*

L'Italia è un Paese che legge poco e io ho l'impressione che i premi siano una sorta di compensazione. Si cerca di rendere visibili i libri attraverso i premi. Si legge poco da noi, ma non per pigrizia, bensì per la particolare storia della nostra lingua. Abbiamo cominciato prima di tutti in Europa, nel Trecento, con il volgare di Dante. Poi però lo sviluppo della lingua nazionale si è interrotto, con la Controriforma si è tornati al latino. C'è stata una frattura tra l'italiano colto e la lingua parlata, cioè i dialetti regionali. Questo ha impedito la nascita del grande romanzo dell'Ottocento, come è accaduto altrove. Non è un caso che Manzoni andasse a sciacquare i panni di qua e di là, cercando una lingua nazionale che non c'era. Settembrini si lamentava che gli scrittori italiani non conoscessero la lingua « dei mestieri ». La lingua « dei mestieri », ovvero una vera lingua nazionale, è nata dopo, con l'unificazione del Paese e soprattutto grazie alla diffusione della radio, nel secondo Dopoguerra.

*Gli anni della sua giovinezza sono stati un periodo d'oro per la letteratura italiana.*

Dopo il fascismo c'è stato un inevitabile risveglio, per vent'anni si era respirata un'aria pesantissima. Di censure e tentativi di omologazione: Kafka, per esempio, era stato bandito perché considerato pessimista. I grandi russi venivano censurati. L'esplosione degli anni dopo il '45 si deve secondo me moltissimo a Giulio Einaudi, che si era circondato di intellettuali come Pavese, Calvino, Leone e Natalia Ginzburg. La grande letteratura del secondo Novecento italiano nasce dall'euforia, dalla gioia di una liberazione anche intellettuale.

*Dello Strega cosa pensa? Tutti gli anni è la culla di mille polemiche e dibattiti.*

Questo succede perché è un premio molto legato agli editori, secondo me un po' troppo. Non che gli scrittori premiati siano cattivi, ma guarda caso vincono sempre i grandi editori.

*La letteratura italiana di questi anni?*

Sono contraria alle nostalgie, all'elogio dei tempi andati. A posteriori si vede sempre tutto con un altro occhio: bisogna sapere guardare con attenzione alle nuove scritture. C'è sempre qualcosa di interessante. E ci sono voci di talento. Tanto per citarne alcuni: Ammaniti, Piccolo, Melania Mazzucco, la Mazzantini, Giordano, Fleur Jaeggy, Silvia Avallone, Mariapia Veladiano. Ma sono tanti di più. Un vivaio formidabile è la redazione di *Nuovi Argomenti* dove sono passati tutti, da Calvino a Saviano e che oggi sforna in continuazione nuovi romanzieri, da Veronesi a Desiati, da Chiara Valerio a Carola Susani, da Francesco Longo a Filippo Bologna, da Colombati a Lorenzo Pavolini. Purtroppo bisogna dire che da noi si pubblica troppo e senza molto criterio. Questo significa che i libri restano in libreria solo pochi giorni, non c'è il tempo di leggerli, di fare il passaparola, che è un modo democratico di far circolare un libro. L'editoria adesso si fonda sulla quantità: su cento libri, tre funzionano e con quei tre si paga tutto il resto. E il consumo presuppone la rapidità del passaggio delle merci: solo che i libri non sono merci qualsiasi, sono un oggetto di artigianato che entra poi nel mercato di massa, ma va trattato con delicatezza, perché dentro ci stanno le idee, la cosa più fragile, preziosa e complicata del mondo. E invece vengono trattati come gli ombrelli, si fanno, si comprano, si usano due volte e poi si buttano.

*7 gennaio 2015*

## *Io sono nessuno. Però vi dico che l'Italia è in declino*

## Incontro con Giampaolo Pansa

I veri giornalisti sono giornalisti. Sempre. Nel senso che hanno un insopprimibile istinto che li porta a essere maledettamente curiosi e fare un mucchio di domande, infischiandosene dei ruoli. Giampaolo Pansa mi ha intervistata prima di farsi intervistare. Ha voluto sapere chi ero, dov'ero nata, da che famiglia venivo, che lavoro facevano i miei genitori, addirittura che lavoro facevano i miei nonni. Chi mi mandava, il mio giornale, lo sapeva già e gli stava bene. Dopo l'interrogazione devo essergli andata bene anch'io perché mi ha dato un appuntamento. Ci siamo visti a Roma, in un piccolo (ma bellissimo) appoggio che lui e la sua compagna Adele hanno ai Parioli: da anni ormai si sono trasferiti in un paesino della Toscana. Quando sono arrivata aveva già scritto due pagine di appunti su quello che aveva deciso di dirmi. Per la prima mezz'ora ha parlato solo lui. Poi ha dichiarato: « Forse hai delle domande da farmi ». Così è stato. Un proverbio che sentivo in casa da piccola avvisa che non bisogna mai avere la presunzione di insegnare al fornaio come si fa il pane. Infatti la prima parte dell'intervista, quella più personale e familiare, è nettamente la migliore: restituisce benissimo il quadro della sua lunga vita, chiarendo dove tutto nasce. Compreso l'interesse – alcuni dicono ossessione – per i temi della guerra, specialmente della guerra civile, argomento della sua tesi di laurea e di molte pubblicazioni successive. Soprattutto quelle « divisive » del ciclo dei vinti. Nel lungo racconto dell'orrore dei bombardamenti – subiti da un bambino che profetizza alla madre « adesso dobbiamo morire », esprimendo la paura per un destino già segnato – ci ho visto un trauma profondo. Per dovere di cronaca, a questa mia affermazione lui ha risposto scuotendo la testa. Eppure a me è sembrato che l'insistere su questi temi, nelle sue moltissime pubblicazioni, potesse significare qualcosa di più di un « non accontentarsi ». Il pregiudizio su di lui – vissuto da tanti come un traditore – mi era già passato. Ogni contributo di ricerca può aiutare a gettare un po' di luce sul mito della guerra partigiana dietro cui s'è accomodato un bel pezzo di Paese. Provo molto più fastidio verso chi strumentalizza il coraggio dei pochi che sono andati in montagna e hanno rischiato veramente la pelle. Mi sono fatta questa domanda: chi è revisionista? Pansa o chi spaccia gli italiani, tutti, per un popolo fieramente contrario al regime? E questa domanda, naturalmente, non toglie nulla al valore di chi ha combattuto per la libertà e ha reso possibile la Liberazione. Vuole solo ricordare il Paese delle leggi razziali e fare i conti con tutto ciò che siamo realmente stati, guasti compresi: dimenticarlo non è una buona lezione. Penso che quest'opera gigantesca di rimozione collettiva contribuisca anche a un dibattito – inspiegabilmente ancora molto in voga – vuoto di contenuti e pieno di slogan, dunque la maggior parte delle volte un dibattito sterile. Soprattutto contribuisce al ridicolo quanto spropositato uso della parola « fascista », diventata un insulto generico che non significa più nulla.

Anche i nonni hanno dei nonni. E dunque questa storia comincia molto tempo fa, in un mondo piccolo e povero, con il bracciante Giovanni Eusebio Pansa, che aveva avuto l'infelice idea di crepare a 38 anni mentre zappava un campo. Lasciando sua moglie Caterina, la leonessa, vedova con sei bambini da tirare su. « La più grande, mia zia Carolina, aveva dodici anni. E poi è diventata la ragazza con le tette più belle della città. Mia madre, che faceva la modista, diceva sempre: non c'è nessuna donna, nessuna ragazza che ha delle tette come quelle di zia Carolina. A onor del vero anche mia madre aveva delle gran tette ». Giampaolo Pansa – sull'uscio degli ottanta – ama definirsi un qualunquista qualunque, uno che al contrario della Perpetua manzoniana « non sa né ubbidire né comandare ». Di sicuro sa farsi odiare, da più parti: da destra per le radici, da sinistra per il tradimento. Di seguito ci saranno più incontri che scontri, « perché ho già detto tanto di tanti: non è bello ripetersi ». E siccome le grandi storie parlano sempre delle stesse cose – di madri e di padri, di amori e di odi – partiamo dai natali. Dalla fortuna di essere nato nel '35, « perché così ho visto la guerra ». E di esser nato lì, a « Casale Monferrato, una città di provincia tutta affacciata sul Po ».

*Da che famiglia viene?*

Mio padre Ernesto Pansa era un socialista non iscritto al partito, impiegato alle Poste telegrafi. Mio zio Francesco era l'unico comunista dei fratelli: sono cresciuti nella miseria più nera. Per dirti il carattere di Ernesto Pansa che aveva fatto la Grande guerra, quando tanti anni dopo gli ho chiesto: « Come ti sei trovato sotto le armi? », mi ha risposto così: « Benissimo: l'esercito mi ha dato per la prima volta un cappotto e finalmente un paio di scarponi nuovi. Per la prima volta, sotto l'esercito, ho mangiato due volte al giorno, e c'era sempre un pezzo di carne oppure il baccalà. Ho mangiato il cioccolato, ho bevuto il cognac. E poi, per la prima volta, sono andato a donne nei bordelli militari della Terza armata. La prima volta è stato con una donna di quarant'anni, io ero un ragazzo. Però meglio che niente, mi ha svezzato ».

*La mamma?*

Te lo dico con un episodio, che donna era. Una domenica mattina, nel maggio del '44, stavo sulla ringhiera di casa mia a giocare con mia sorella. Sentiamo il rombo delle bombe e ci spaventiamo a morte. Dico a mia madre: « Adesso dobbiamo morire ». Mia madre Giovanna aveva un senso dell'ottimismo fantastico, e mi risponde: « No, no Giampa » – mi chiamava così – « non dobbiamo morire, adesso dobbiamo mangiare le frittelle che ho appena cucinato ». La mamma era una donna pazzesca, forte, energica. Quando Passera è diventato amministratore delegato delle Poste, gli ho chiesto di avere il foglio stipendi di mio padre.

*E com'era?*

Diciamo che mia madre, con il suo negozio, guadagnava tre volte mio padre... Davanti alla boutique c'era un albergo, il Leon d'Oro: quando le prostitute avevano finito di scopare i contadini ricchi dei dintorni, uscivano dall'hotel con il portafoglio pieno e andavano subito a farsi un regalino nel negozio di mia madre. Così ho potuto studiare. Tornando alla guerra: ho visto le distruzioni dei bombardamenti, le case ormai senza muri, tutto a cielo aperto, si vedevano delle cucine pericolanti, delle camere da letto sfasciate. C'erano i feriti. Ma soprattutto facevano impressione i morti.

*Quando ha deciso di fare il giornalista?*

Quando ho fatto l'esame di terza media, con un anno di anticipo perché il magico maestro Dondero, padre di una delle più belle ragazze di Casale, era una specie di santo in terra e qualunque cosa lui dicesse veniva eseguita: una volta ha detto ai miei che ero talmente bravo che bisognava farmi saltare la quinta elementare. Quando ho fatto l'esame della terza media mio padre mi ha regalato una macchina per scrivere, una Underwood. Come il protagonista di *House of Cards*. Ho imparato a scrivere subito. Ho cominciato sul giornale della mia città, *Il Monferrato*...

*Però è arrivato molto giovane a* La Stampa.

Nel '59, dopo l'università. Mi sono laureato in Scienze politiche, con una tesi di 800 pagine, *Guerra partigiana tra Genova e il Po*. Ho preso 110, la lode e la dignità di stampa. Nel '60 mi son messo a lavorare subito all'Istituto Feltrinelli per la storia del movimento operaio e socialista: c'era Laura Conti, che era un medico, ma stava facendo il censimento della stampa clandestina della Resistenza. Soprattutto ho vinto il premio Einaudi, ex aequo con Massimo Salvadori. C'è stata una grande cerimonia a Dogliani con un Luigi Einaudi ormai ex presidente, un signore piccolino, molto anziano, molto lucido. È stato l'ultimo discorso della sua vita. Escono, sull'evento, molti articoli, anche su *La Stampa* naturalmente. Con grande rilievo: c'era un fondo di Alessandro Galante Garrone, che era stato il primo dei miei professori a occuparsi della mia tesi. Così ho ricevuto un invito a presentarmi al direttore de *La Stampa*, Giulio De Benedetti, nel novembre del '60.

*Il colloquio andò bene.*

De Benedetti aveva settant'anni, un signore ebreo. Mi ricordo che raccontava sempre: « Quando ho intervistato Hitler alla fine degli anni Trenta, era così coglione che non si è accorto nemmeno che a intervistarlo c'era un ebreo ». Quella prima volta mi disse: « Ho deciso di assumerla. Quanto guadagna oggi? » E io: « Guadagno 59mila lire al mese ». Lui cercò di convincermi: « Venire a Torino con moglie al seguito per 59mila lire al mese è un po' poco. Facciamo 100mila ». Io ho fatto una smorfia che De Benedetti ha interpretato come una smorfia di scontento. Mi ha ringhiato contro: « Questi giovani non sono mai soddisfatti! Vabbè, facciamo 120 ». Essere molto giovane all'inizio degli anni Sessanta e anche Settanta mi ha regalato una cosa che voi giovani di oggi non avete più. I giornali, i quotidiani, soprattutto i grandi quotidiani andavano a gonfie vele. Non esisteva la televisione. La pubblicità – era cominciato già il boom nel '55 – affluiva tutta sui quotidiani. E il risultato era che i quotidiani pagavano ottimi stipendi. Veramente ottimi stipendi. Non solo, ma se vedevano che in un altro giornale più grosso del loro c'era qualche ragazzo, qualche *pulèn*, qualche giovane sveglio, lo cercavano per assumerlo.

*Ha cambiato molti giornali, dopo.*

Otto testate. Come dicevamo ho cominciato a *La Stampa*. Poi sono andato al *Giorno*, poi ancora a *La Stampa*. Poi al *Messaggero*, al *Corriere della Sera*, a *Repubblica*, all'*Espresso*, al *Riformista* e a *Libero*. Però mi sono sempre divertito. Nel '64 ricevo una telefonata di Giorgio Bocca – non eravamo ancora alle rotture cosmiche, dovute a *Il sangue dei vinti* – che mi dice, con quella sua aria da cuneese burbero: « Guarda che Pietra ti vuole prendere per fare l'inviato in Lombardia ». Pietra l'avevo conosciuto al Premio Einaudi. Quando mi riceve mi dice: « Ti faccio inviato speciale. Preferisci essere mandato a Voghera, perché la banca di Varzi è fallita, o nel Golfo del Tonchino? », dove è cominciata poi la guerra in Vietnam. Non sono mai stato furbo, però ho avuto fortuna e ho detto: « Direttore, dove vuole lei. Ma se fosse per me io andrei a Voghera ». Pietra, soddisfatto: « Se tu mi avessi detto nel Golfo del Tonchino non ti avrei assunto ». Sono sbiancato, perché ho pensato che per un pelo non mi ero giocato il posto. Quindi sono andato lì, ho fatto l'inviato. Mi hanno messo al seguito di Guido Nozzoli, che era un inviato solido, sperimentato, partigiano della Garibaldi in Romagna. Poi sono tornato a *La Stampa*, perché aveva cambiato direttore e Ronchey mi voleva a tutti i costi, sfidando la legge.

*Quale legge?*

C'era una legge non scritta, che chi andava via volontariamente da *La Stampa* non poteva più tornarci.

*Poi c'è stato un intermezzo al* Messaggero.

Meno di un anno: Giorgio Fattori, che era un inviato di grande rango de *La Stampa*, era andato lì a fare il condirettore. Ci eravamo trovati in una situazione assurda: uno dei proprietari, Ferdinando Perrone, aveva la figlia in Potere operaio e dicevano che era coinvolta nel delitto dei fratelli Mattei... Una vita pazzesca! Uno dice: hai fatto la vita dell'impiegato. No, cazzo, non ho fatto la vita dell'impiegato. Mi sono divertito anche. Abbiamo fatto il *Messaggero*, poi entrambi abbiamo preso altre strade. Lui è tornato a *La Stampa* e poi è diventato direttore prima di Arrigo Levi. E io, uscito di lì, sono approdato al *Corriere*. Sono andato in via Solferino nel '73 e lì sono rimasto fino al '77, quando Piero Ottone, con cui avevo un patto, se ne è andato via. Da due anni Barbapapà Scalfari e Caracciolo volevano che passassi a *Repubblica* e ho detto sì: per quasi un anno ho fatto l'inviato, per le faccende interne, poi sono diventato uno dei vicedirettori. Ci sono stato la bellezza di 16 anni. Dopodiché ne ho fatti altri 17 all'*Espresso*: 33 anni con quelli lì.

*Intanto ha scritto un sacco di libri anche.*

Quando era ancora vivo Mario Formenton, che grazie al matrimonio con Cristina era diventato un manager importante della Mondadori, una volta alla settimana invitava i giornalisti alla Pantera Rosa, un ristorante che oggi non c'è più, davanti alla Statale. Lì io ho incontrato Erich Linder, che era il numero uno degli agenti letterari italiani. Mi ha detto: « Vedo, Pansa, che lei pubblica molti libri. Posso darle un suggerimento? Non prenda mai un agente, perché le porta via il 10 per cento e serve a poco. Ma soprattutto il mio consiglio è di pubblicare sempre, tanto, perché la costruzione di un autore di libri è una cosa impegnativa, richiede continuità. Bisogna scrivere tutti gli anni, un libro almeno ogni anno ». E questo ho fatto, ne ho pubblicati circa sessanta.

*Veniamo al sodo: nel 2003 esce* Il sangue dei vinti *e succede un gran casino. Il tema però non era inedito. Per dire: Cassola scrive* La ragazza di Bube *alla fine degli anni Cinquanta. Giorgio Pisanò negli anni Sessanta pubblica la* Storia della guerra civile in Italia. *Perché all'alba del millennio s'infiamma di nuovo il dibattito, volano parole grosse e le danno del traditore?*

Non ero un romanziere e non appartenevo alla destra. Ero un signore che lavorava per dei giornali, si sarebbe detto allora, democratici. Perché *La Stampa* era un giornale di laici democratici antifascisti. *La Stampa* era così, *Il Messaggero* è stato così, *Il Giorno* era così, *Repubblica* era così. *L'Espresso* era così. E invece io no, non ero così. Io non ero nessuno. Cioè, io ancora oggi non mi ritengo nessuno. Perché ho fatto quel libro? Vuoi saperlo?

*Naturalmente.*

L'anno precedente, sempre per la Sperling & Kupfer, avevo pubblicato *I figli dell'aquila*. Ero partito da una considerazione: per fare una guerra civile bisogna essere in due. E se sono due, c'è uno che ragiona rosso e l'altro che ragiona nero. Uno vince e l'altro perde. Possibile? Sono stato molto incoraggiato dalla mia compagna, Adele Grisendi, ex dirigente della Cgil, autrice di libri sulle ragazze degli anni Sessanta e Settanta. Quindi una signora di sinistra: oggi non oso nemmeno più domandarle se lo sia ancora. Volevo raccontare la storia di un ragazzo che invece di andare a fare il partigiano, è andato a fare il repubblicano. No no, non fare quella faccia: non il repubblichino, repubblichino è una parola dispregiativa. È come dire partigianino. Il libro non era piaciuto agli editor democratici, anche se aveva pagato le loro tredicesime, però aveva avuto un gran successo. Da lì è venuta l'idea del *Sangue dei vinti*, che in tutto ha venduto quasi un milione di copie. Da allora non posso uscire di casa senza incontrare persone che mi avvicinino. Penso sempre: speriamo che non mi tirino un cazzotto in faccia. La maggior parte però mi dice grazie.

*La Resistenza è stata usata come bandierina per far finta di aver vinto la guerra?*

Tutto il racconto della guerra civile italiana, della Resistenza, del partigianato, chiamiamolo della guerra interna, chiamiamola come ci piace, era monco, perché finiva il 25 aprile. Ma è come se la storia del Terzo Reich non prevedesse il racconto del processo di Norimberga. Le verità vengono fuori dopo, così come le magagne di un evento storico. Renzi, per esempio, si capirà bene che cosa ha fatto quando cadrà. Perché prima o poi cadrà.

*Torniamo un attimo ai giornali: molti quotidiani, molti direttori.*

Tanti che non si occupavano affatto del giornale... La grande lezione di Scalfari è che il direttore di un giornale, specie di un giornale che ha bisogno di crescere, deve pensare al giornale 24 ore al giorno. E deve viverci dentro almeno 12 o 13.

*Avrebbe voluto fare il direttore?*

Ho sempre rifiutato, non me ne importava nulla. Fare il direttore oggi è il mestiere più terribile del mondo perché sei alle prese con la crisi delle edicole e della carta stampata. Non li invidio, poverini.

*I suoi giudizi sul giornalismo di sinistra, penso al gruppo Espresso, sono stati molto duri.*

Conosco bene i polli di quel pollaio, perché ci sono stato dentro più di trent'anni: attenzione, qui siamo al servizio militare portato all'estremo... Però ci sono dei giornalisti eccellenti: Ezio Mauro è il primo di tutti, grande cronista, grande inviato, uomo pronto. Sono stato a *Repubblica* e in parte anche all'*Espresso* nella cosiddetta fase libertina di Scalfari. Eugenio sosteneva che tutti – i quotidiani, ma soprattutto i settimanali – devono essere « libertini ». Che devono essere pronti a smentirsi, non deve valere il pensiero unico.

*È ancora così a* Repubblica, *secondo lei?*

Certo che no, è diventata una caserma. Basta vedere queste manifestazioni che fa in giro per l'Italia, l'ultima l'ha fatta a Udine. Siamo al partito della nazione come vuole Renzi? Anche Renzi vorrebbe ridurci al pensiero unico, ma non ci riuscirà perché gli italiani sono anarchici, e gli piace essere comandati da un uomo dal polso duro. Però poi si stufano.

*Renzi ci vuole portare al suo non-pensiero politico, che è un'altra cosa.*

Il premier è un bluff: purtroppo nella palude, nel vero senso della parola, della politica italiana di oggi lui giganteggia. È il nuovo leader della destra, lo dico in questo ultimo libro che è uscito per Rizzoli, *La destra siamo noi*. Deve solo imparare a fare i discorsi da un balcone... È arrogante, disprezza chi non la pensa come lui. Renzi è un parolaio bianco, speriamo non diventi nero. Circondato da troppe persone inesperte, amici degli amici degli amici. In politica la forma è sostanza. Mi ricorda una vecchia battuta su cui Forattini aveva costruito una vignetta, che diceva « Quando il sole è al tramonto anche l'ombra del nano si allunga »: il disegno riguardava Fanfani. Però pensaci un po' bene: quando il sole è al tramonto anche l'ombra del nano si allunga...

*Tutto cambia o tutto resta uguale?*

Guardiamo il risultato delle elezioni in Francia. Le Pen ha vinto o perso non si sa, forse non ha vinto, o forse non ha perso. Chi avrebbe detto però che Sarkozy, con tutta la Carlà e 'ste balle qua e i soldi e gli scandali, sarebbe uscito primo partito? Cambia tutto, e quindi è cambiata anche la politica. La politica dalle nostre parti, con le sue varie declinazioni – sinistra, centro, destra – ci racconta una cosa: sostanzialmente l'Italia è un Paese moderato. Sennò non avrebbe accettato per vent'anni la balena bianca democristiana. È vero anche che gli italiani sono un popolo un po' anarchico, non amano ubbidire, gli piace essere comandati e possono anche fingere di obbedire, però in fondo non gli va: è una cosa che Renzi non ha ancora capito. La gente è stufa dei politici ganassa, vedremo cosa succederà quando gli italiani si renderanno conto che la grande ripresa non c'è, che soprattutto sta nascendo un modo di far politica accentratore... Ma scusa, questo è andato dal presidente della Repubblica a dire: adesso tengo io l'interim del ministero delle Infrastrutture. Ma siamo pazzi?

*E il giornalismo è peggiorato?*

Come la scuola, la politica, i costumi, i caratteri. L'Italia è un Paese in declino. Noi siamo cresciuti in un Paese in ascesa, dove tutti venivamo da posizioni di partenza più o meno difficili.

*Le imputano di essere un voltagabbana.*

Per voltarla, bisogna avercela una gabbana. Non ne ho mai avute. Un giorno Salvemini, parlando dei giudici della sua generazione, ha detto: se mi accusassero di aver rubato il Duomo di Milano scapperei in Svizzera. Se accusassero Pansa di aver rubato il Duomo di Milano, ecco io aspetterei che mi venissero a prendere.

*In quest'intervista non ha sparato contro nessuno. Come mai? Redento?*

Ho già detto quello che dovevo, e spesso. Scrivo un « Bestiario » tutte le settimane. Mica posso fare il ganassa, ci pensa già Renzi. Sono diventato una vecchia tartaruga, possono tirarmi tutte le sassate che vogliono. Quando è uscito *Il sangue dei vinti*, a cominciare dall'illustre compagno Giorgio Bocca, hanno detto perfino che volevo fare un piacere a Berlusconi che così mi avrebbe fatto direttore del *Corriere*. Figuriamoci.

*In una delle sue ultime interviste, parlando con me Giorgio Bocca ha detto che stava diventando sempre più cristiano. Lei è credente?*

Ogni volta che comincio un libro, mi dico: speriamo che il Padreterno me lo faccia finire. Sono stato battezzato, cresimato, ho fatto il chierichetto. Ma non sono credente. Però non sono nemmeno ateo. Te lo ripeto: non sono nessuno.

*29 marzo 2015*

## *Note biografiche*

### *Andrea Camilleri*

Andrea Camilleri nasce il 6 settembre del 1925 a Porto Empedocle, in provincia di Agrigento. Studia al liceo classico Empedocle di Agrigento, nel '44 s'iscrive alla facoltà di Lettere e Filosofia ma non consegue la laurea. S'iscrive al Pci e nel 1952 conclude gli studi all'Accademia nazionale d'arte drammatica « Silvio d'Amico ». Entra alla Rai nel 1957, anno in cui sposa Rosetta Dello Siesto. Insegna al Centro sperimentale di cinematografia di Roma dal 1958 al 1965 e dal 1968 al 1970; è titolare della cattedra di regia all'Accademia nazionale d'arte drammatica « Silvio D'Amico » dal 1977 al 1997. Negli anni Sessanta si occupa di molte produzioni televisive di successo. Raggiunge la fama con i romanzi ambientati a Vigata con il commissario Montalbano, il primo dei quali è *La forma dell'acqua* (Sellerio, 1994), ma la sua produzione letteraria è vastissima. È autore di una trilogia sui pittori (Caravaggio, Guttuso, Renoir) e di molti altri romanzi di successo come *Il nipote del Negus*, *La regina di Pomerania* e *La rivoluzione della luna*. Ha tre figlie e quattro nipoti.

### *Claudio Magris*

Claudio Magris è nato a Trieste il 10 aprile 1939. Ha insegnato Letteratura tedesca prima all'Università di Torino, poi a Trieste. Nel 1986 ha pubblicato *Danubio*. Nello stesso anno ha vinto il Premio Bagutta e nel 1997 il Premio Strega con *Microcosmi*. Autore di numerosi saggi e romanzi, l'elenco dei suoi riconoscimenti è lunghissimo: nel 1999 il Premio Chiara alla carriera e il Premio letterario Giuseppe Acerbi, nel 2004 il Premio Principe delle Asturie, nel 2007 il Prix Méditerranée étranger, nel 2013 il Premio Cesare Pavese. Il 18 ottobre 2009, alla Paulskirche di Francoforte, riceve il Friedenspreis, primo italiano a vincere il prestigioso Premio per la Pace (assegnato in passato anche a Hermann Hesse, Václav Havel e Susan Sontag). È stato senatore dal 1994 al 1996, eletto nel collegio di Trieste con una lista indipendente sostenuta dalle coalizioni del Patto per l'Italia e dei Progressisti. Ha ricevuto la Medaglia d'oro ai benemeriti della scienza e della cultura nel 1998; nel 2001 è stato insignito dal presidente Ciampi del titolo di Cavaliere di Gran Croce. Nell'aprile del 2012, Mondadori ha pubblicato il primo volume della collana «I Meridiani» dedicato alla sua opera. Nel 2013 il ministero della Pubblica istruzione ha proposto un brano tratto dalla prefazione de *L'infinito viaggiare* agli studenti che sostenevano l'esame di maturità. Dal 2006 è membro dell'Accademia dei Lincei, da oltre quarant'anni è collaboratore del *Corriere della Sera*.

*Emanuele Severino*

Emanuele Severino è nato a Brescia il 26 febbraio 1929. Alunno del Collegio Borromeo, si laurea a Pavia nel 1950, discutendo una tesi su Heidegger e la metafisica con il suo maestro, Gustavo Bontadini. L'anno successivo, a 22 anni, ottiene la libera docenza in Filosofia teoretica. Dal 1954 al 1970 insegna Filosofia all'Università Cattolica di Milano (diventando ordinario nel '62). Le pubblicazioni di quegli anni entrano in forte conflitto con la dottrina ufficiale della Chiesa, suscitando discussioni nel mondo cattolico e nell'ex Sant'Uffizio. Nel 1970 la Chiesa proclama – negli *Acta apostolica* – l'insanabile opposizione tra il pensiero di Severino e il cristianesimo. Viene chiamato all'Università Ca' Foscari di Venezia dove è tra i fondatori della facoltà di Lettere e Filosofia e dove ha diretto l'istituto di Filosofia fino al 1989. Ha insegnato anche Logica, Storia della filosofia moderna e contemporanea e Sociologia. Nel 2005 l'ateneo veneziano l'ha proclamato professore emerito. Insegna Ontologia fondamentale presso la facoltà di Filosofia dell'Università Vita-Salute San Raffaele di Milano. È accademico dei Lincei e Cavaliere di Gran Croce. Da oltre trent'anni collabora con il *Corriere della Sera*. Ha scritto una sessantina di libri, da *La struttura originaria* a *Essenza del nichilismo*, da *Il destino della necessità* a *La gloria*, dai saggi dedicati a Eschilo a quelli che riguardano Leopardi e Nietzsche. I suoi editori sono Rizzoli – che nel 2011 ha pubblicato un volume autobiografico, *Il mio ricordo degli eterni* – e Adelphi, che dedica una collana agli scritti del filosofo.

*Piergaetano Marchetti*

Piergaetano Marchetti è nato a Milano il 30 novembre 1939. Presidente della Fondazione Corriere della Sera dal 2004, è consigliere di amministrazione di Rcs MediaGroup e di Artemide spa e vicepresidente di Saipem. È autore di numerose pubblicazioni di disciplina della concorrenza, diritto societario, mercati mobiliari, diritto industriale e di vari saggi in tema di privatizzazioni, imprese editoriali e concentrazioni nel settore della stampa. Ha fatto parte della commissione che ha predisposto il testo unico sulla disciplina delle Spa quotate in Borsa e dei mercati finanziari promulgato all'inizio del 1998 e della Commissione Mirone per la riforma generale del diritto societario. Ha fatto parte dal 1993 al '96 del Comitato di consulenza e garanzia per le privatizzazioni ed è componente del Comitato tecnico per il codice di autodisciplina delle società quotate. È stato presidente del cda di Rcs

MediaGroup (2005-2012), membro del cda di Generali, Bpm, sindaco in Mediobanca. Fa parte del direttivo del Centro di documentazione ebraica, dell'Istituto per la storia del movimento di liberazione in Italia e della Fondazione per le scienze religiose Giovanni XXIII, è Cavaliere di Gran Croce al merito della Repubblica, è stato professore di Diritto industriale e commerciale all'Università di Parma e alla Bocconi di Milano (di cui è stato pro-rettore dal 2004 al 2010) dove attualmente è professore emerito e senior professor. Dal novembre 2013 fa parte del Comitato per le privatizzazioni.

*Gherardo Colombo*

Gherardo Colombo è nato a Briosco, in Brianza, il 23 giugno 1946. Dopo la maturità classica, si è iscritto alla facoltà di Giurisprudenza dell'Università Cattolica, laureandosi nel 1969. Giudice della VII sezione penale di Milano dal 1972 al 1978, ha assunto poi le funzioni di giudice istruttore fino al 1989: a questi anni risalgono le inchieste sulla loggia massonica P2, sui fondi neri dell'Iri, sull'omicidio di Giorgio Ambrosoli. Nell'aprile 1992 è entrato nell'inchiesta Mani Pulite, su cui indagava da qualche mese Antonio Di Pietro: del pool faranno parte anche Piercamillo Davigo, Ilda Boccassini, Tiziana Parenti, Francesco Greco e Paolo Ielo, coordinati dal procuratore aggiunto Gerardo D'Ambrosio. Con Ilda Boccassini Colombo ha lavorato anche nei processi Imi-Sir/Lodo Mondadori/Sme. Nel 2005 è stato nominato consigliere presso la Corte di Cassazione, nel febbraio 2007 ha comunicato le sue dimissioni dalla magistratura. Ha ricevuto il Premio nazionale Cultura della Pace nel 2008. Nel settembre 2009 è diventato presidente di Garzanti Libri. Il 5 luglio 2012 è stato eletto nel cda della Rai, indicato insieme a Benedetta Tobagi da numerose associazioni e con il voto del Partito democratico.

*Guido Ceronetti*

Guido Ceronetti nasce nel 1927 a Torino, dove il padre aveva una piccola azienda artigiana di pitture e decorazioni. Nel 1945 inizia a collaborare con vari giornali, attività che non si è mai interrotta e continua tuttora. Importante è anche la sua opera di traduttore, sia dal latino (Marziale, Catullo, Giovenale), sia dall'ebraico antico (Salmi, Qohèlet, Libro di Giobbe ecc.). Nel 1970 ha dato vita al Teatro dei Sensibili con il quale ha realizzato decine di spettacoli. Da anni vive in provincia di Siena. È rigorosamente vegetariano. Tra i suoi libri, pubblicati da Einaudi: *Albergo Italia* (1985), *Compassioni e disperazioni. Tutte le poesie* (1987), *Aquilegia. Favola sommersa* (1988), *D. D. Deliri Disarmati* (1993), *La iena di San Giorgio. Tragedia per marionette* (1994), *La vera storia di Rosa Vercesi e della sua amica Vittoria* (2000), *Nuovi ultimi esasperati deliri disarmati* (2001), *Trafitture di tenerezza. Poesia tradotta 1963-2008* (2008), *Ti saluto mio secolo crudele* (2011), *Sono fragile sparo poesia* (2012), *Un viaggio in Italia* (2004 e 2014).

*Gustavo Zagrebelsky*

Di origine russa, Gustavo Zagrebelsky è nato a San Germano Chisone, in provincia di Torino, il 1° giugno 1943. Già professore ordinario di Diritto costituzionale presso l'Università di Torino e presso l'Università degli studi di Sassari, è stato nominato giudice costituzionale dal presidente della Repubblica Oscar Luigi Scalfaro il 9 settembre 1995. Il 28 gennaio 2004 è stato eletto presidente della Corte costituzionale, carica che ha ricoperto fino allo scadere del suo mandato il 13 settembre 2004. Zagrebelsky è attualmente docente di Diritto costituzionale e Teoria generale del diritto pubblico presso il dipartimento di Giurisprudenza di Torino. È socio corrispondente dell'Accademia nazionale dei Lincei. È ripetutamente intervenuto nel dibattito pubblico, avversando le posizioni dei cosiddetti atei devoti, in particolare sulla laicità dello Stato e lo spirito concordatario: molti di questi saggi sono raccolti nel volume *Contro l'etica della verità*, pubblicato da Laterza. È presidente onorario dell'associazione Libertà e Giustizia e presidente della Biennale Democrazia. Firma di *Repubblica*, ha pubblicato con Einaudi: *Il diritto mite*, *La domanda di giustizia* (con Carlo Maria Martini), *Principi e voti*, *Imparare la democrazia*, *Intorno alla legge*, *Sulla lingua del tempo presente*, *Fondata sul lavoro* e *Fondata sulla cultura*.

### *Piero Ottone*

Piero Ottone (pseudonimo di Pier Leone Mignanego) è nato a Genova il 3 agosto del 1924. Nel 1945 viene assunto alla *Gazzetta del Popolo* di Torino. Nel '48 fa la sua prima esperienza internazionale, inviato a Londra come corrispondente. Dopo due anni viene spostato in Germania. Nel '53 passa al *Corriere della Sera*, che lo manda prima a Londra e poi nel '55 a Mosca. Torna a Londra un anno dopo e ci resta fino al 1962, anno in cui rientra in Italia. Nel '68 diventa direttore del *Secolo XIX* di Genova. Nel 1972 torna al *Corriere* da direttore, fino al 1977. Poi, chiamato da Mario Formenton, entra in Mondadori come direttore generale, per occuparsi di *Repubblica*. Con Carlo Caracciolo si alterna come amministratore delegato e presidente, fino all'arrivo di Berlusconi. Sposato con Hanne Winslow, ha due figli e tre nipoti, Alex, Sebi e Anna. Appassionato di vela, ha scritto anche numerosi libri a tema marino. Con Longanesi ha pubblicato moltissimi titoli, tra cui: *Memorie di un vecchio felice*, *Preghiera o bordello. Fatti e misfatti del giornalismo italiano*, *Il gioco dei potenti*, *Novanta*.

*Giovanni Sartori*

Giovanni Sartori è nato a Firenze il 13 maggio 1924. Nel 1946 si è laureato in Scienze politiche e sociali all'Università di Firenze, dove ha poi insegnato Storia della filosofia, Sociologia applicata e Scienza politica. Tra i suoi allievi e assistenti Stefano Passigli, Gianfranco Pasquino, Domenico Fisichella e Giuliano Urbani. Dopo tre anni a Stanford, è diventato Albert Schweitzer Professor in the Humanities alla Columbia University di New York (dove ha insegnato dal 1979 al 1994). Nel 1971 ha fondato la *Rivista italiana di scienza politica.* Dalla fine degli anni Sessanta, con la direzione di Giovanni Spadolini, è editorialista del *Corriere della Sera* (con un intervallo nel periodo americano). Ha ricevuto nove lauree *honoris causa*, da università di tutto il mondo; nel 1971 il presidente della Repubblica gli ha conferito la medaglia d'oro ai benemeriti della scuola, della cultura e dell'arte. Nel 2005 ha ricevuto il prestigioso premio Principe delle Asturie per le scienze sociali dalla Fundación Príncipe de Asturias.

*Stefano Rodotà*

Stefano Rodotà è nato a Cosenza nel 1933. Dopo il diploma di maturità classica, si è iscritto a Giurisprudenza alla Sapienza dove si è laureato nel 1955 con Emilio Betti. Ha insegnato nelle Università di Macerata, Genova e Roma, dove è stato professore ordinario di Diritto civile e dove gli è stato conferito il titolo di professore emerito. È stato visiting fellow presso l'All Souls College di Oxford e la Stanford School of Law. Ha insegnato presso la facoltà di Giurisprudenza della Sorbonne e ha collaborato con il Collège de France. È stato eletto per la prima volta deputato nel 1979 come indipendente nelle liste del Partito comunista italiano. Nel 1989 è stato nominato ministro della Giustizia nel governo ombra creato dal Pci di Occhetto e successivamente, dopo il XX Congresso del Partito comunista e la svolta della Bolognina, aderisce al Partito democratico della sinistra, di cui diventa primo presidente. Rieletto nel 1992 con il Pds, diventa vicepresidente della Camera dei deputati e fa parte della nuova Bicamerale. Nel 1994, al termine della legislatura, decide di non ricandidarsi. Autore di numerosi libri, sia scientifici sia divulgativi, collabora con *Repubblica* dalla sua fondazione.

*Vittorio Gregotti*

Vittorio Gregotti è nato a Novara nel 1927. Nel 1974 ha fondato la Gregotti Associati, studio tuttora attivo a Milano. Dal 1978 al 2000 è stato professore ordinario di Composizione architettonica presso l'Istituto universitario di architettura di Venezia ed è stato visiting professor presso le Università di Tokyo, Buenos Aires, San Paolo, Losanna, Harvard, Filadelfia, Princeton, Cambridge e al MIT di Cambridge (Mass.). Suoi i progetti dello stadio di Genova, il quartiere Zen di Palermo, il Centro olimpico di Barcellona, la Pirelli-Bicocca di Milano, il centro culturale Belém a Lisbona, il teatro di Aix-en-Provence, la nuova sede del *Corriere della Sera*. Dal 1982 al 1996 è stato direttore di *Casabella*. Collabora con le pagine culturali del *Corriere della Sera*. Ha scritto una ventina di libri, tra cui l'ultimo *Il possibile necessario* (Bompiani).

*Luciana Castellina*

Luciana Castellina è nata a Roma il 9 agosto 1929. Nel '47 s'iscrive al Pci di cui diventa funzionario fino a quando nel '69 viene radiata dal partito e fonda insieme a Lucio Magri, Rossana Rossanda e altri il quotidiano comunista *il manifesto*, su cui tuttora scrive. Ha diretto la rivista della Fgci, il mensile *Pace e guerra* con Stefano Rodotà, *Liberazione* e *il manifesto*. È stata deputata per venticinque anni, prima al Parlamento italiano poi a Strasburgo. Ha sposato Alfredo Reichlin, da cui ha avuto due figli, Pietro e Lucrezia, entrambi economisti. Per anni è stata la compagna di Lucio Magri. *Cinquant'anni d'Europa, una lettura antiretorica* (Utet, 2007), è uscito in occasione del cinquantenario della nascita della Ue. Nel 2008 ha pubblicato *Eurollywood. Il difficile ingresso della cultura nella costruzione dell'Europa* e nel 2011 *La scoperta del mondo* (Nottetempo), finalista al premio Strega.

*Piero Citati*

Pietro Citati è nato a Firenze nel 1930. Dopo gli studi al liceo classico Massimo D'Azeglio di Torino, dove si era trasferito piccolissimo assieme alla famiglia, si è laureato alla Scuola Normale di Pisa. Torna in Italia dopo un'esperienza universitaria a Zurigo e un'altra in Germania come lettore. Critico letterario, ha iniziato la sua attività collaborando con riviste come *L'Approdo*, *Paragone*, *Il Punto*, dove scriveva insieme con Pier Paolo Pasolini. Saggista e narratore, è uno dei direttori della Fondazione Lorenzo Valla che pubblica la collana « Scrittori greci e latini » (Mondadori). Parecchie le biografie dedicate ai grandi personaggi della letteratura fra cui Kafka, Goethe, Tolstoj. Diversi i premi ricevuti, fra i quali il Prix de la latinité, conferito dall'Académie française e dall'Accademia Brasiliana delle lettere nel 2000; nel 2004 è stato nominato Cavaliere di Gran croce dell'Ordine al Merito della Repubblica. Ha scritto per *Il Giorno*, dove è entrato a trent'anni insieme con Alberto Arbasino, poi per *Repubblica* e per il *Corriere della Sera*, con cui tuttora collabora. L'ultima pubblicazione nel 2013, *Il Don Chisciotte* (Mondadori)

*Massimo Fini*

Massimo Fini è nato a Cremeno, in provincia di Lecco, dove il padre toscano e la madre – un'ebrea russa, Zinaide Tobiasz – erano sfollati per i bombardamenti su Milano. Ha frequentato il liceo Carducci di Milano e l'Università Statale, dove si è laureato in Legge. Il primo lavoro è stato come impiegato alla Pirelli, nel 1969, in seguito come copywriter e pubblicitario. Inizia la carriera giornalistica all'*Avanti!*, dal 1972 al 1979 è inviato all'*Europeo*, dove rientrerà come editorialista a metà degli anni Ottanta. Nel 1977 comincia a scrivere sul mensile *Linus*. Nel 1978, con Walter Tobagi e Franco Abruzzo, fonda la componente sindacale della rivista *Stampa Democratica*. Nei primi anni Ottanta è animatore del mensile di politica e cultura *Pagina*. Poi, come inviato e editorialista, entra al *Giorno* diretto da Guglielmo Zucconi. È stato editorialista di punta de *L'Indipendente* nei primi anni Novanta e ha partecipato alla rifondazione del *Borghese* (1996). Storica firma del *Gazzettino di Venezia*, ha scritto per *Il Fatto Quotidiano* dalla sua fondazione nel 2009. Divorziato, ha un figlio, Matteo.

*Dacia Maraini*

Dacia Maraini nasce a Fiesole dal matrimonio fra lo scrittore ed etnologo Fosco Maraini e la principessa siciliana e pittrice Topazia Alliata di Salaparuta. Trascorre l'infanzia in Giappone dove dal '43 viene internata in un campo di concentramento giapponese. Al ritorno in Italia i Maraini si trasferiscono in Sicilia, a Bagheria. A diciotto anni Dacia lascia l'isola e raggiunge il padre a Roma. Il suo esordio letterario risale al 1962 con *La vacanza*. Seguono *L'età del malessere* (1963), *A memoria* (1967), *Memorie di una ladra* (1972), *Isolina* (1985, Premio Fregene), *La lunga vita di Marianna Ucrìa* (1990, Premio Campiello; libro dell'anno 1990), *Bagheria* (1993) e *Buio*

(1999) che ha vinto il Premio Strega. Nel 2013 ha pubblicato *Chiara d'Assisi, elogio della disobbedienza* (Rizzoli). Nel 2014, per Rizzoli, è uscito *Love holidays. Quaderni d'amore e di viaggi di Fosco Maraini e Topazia Alliata*, con una prefazione della figlia scrittrice. Ha scritto molte sceneggiature e una trentina di testi per il teatro, rappresentati in Italia e all'estero. È stata la compagna di Alberto Moravia, con cui ha vissuto dal 1962 al 1978.

*Giampaolo Pansa*

Giampaolo Pansa è nato a Casale Monferrato il Primo ottobre 1935. Allievo di Alessandro Galante Garrone all'Università di Torino, si laurea in Scienze politiche. Agli inizi degli anni Sessanta entra nel quotidiano torinese *La Stampa*, passando poi al *Giorno* diretto da Italo Pietra. Nel '69 torna a *La Stampa*, dal 1973 al 1977 è inviato per il *Corriere della Sera*. Poi inizia la lunga stagione al gruppo Espresso: fino al 1991 a *Repubblica*, dal 1978 vicedirettore. Fino al 2008 scrive su *L'Espresso*, per due anni sul *Riformista*. La sua rubrica «Bestiario» oggi esce su *Libero*. La sua attività ha avuto come principale interesse la Resistenza italiana, già oggetto della sua tesi di laurea (pubblicata da Laterza nel 1967). Negli ultimi anni ha dedicato molti libri al ciclo dei vinti, suscitando dibattiti e polemiche. Ha pubblicato una sessantina di libri. Tra i più noti, *Storie italiane di violenza e terrorismo* (Laterza, 1980), *I figli dell'Aquila* (Sperling & Kupfer, 2002), *Il sangue dei vinti* (Sperling & Kupfer, 2003), *La Grande Bugia* (Sperling & Kupfer, 2006), *Il revisionista* (Rizzoli, 2009), *I vinti non dimenticano* (Rizzoli, 2010), *Carta straccia* (Rizzoli, 2011), *Tipi sinistri* (Rizzoli, 2012), *La Repubblica di Barbapapà* (Rizzoli, 2013), *La destra siamo noi* (Rizzoli, 2015).

*Ringraziamenti*

Ad Antonio Padellaro e Marco Travaglio (anche) perché mi hanno dato la possibiltà di incontrare i protagonisti di questo libro.

A Marco Palombi per le puntuali (e puntute) obiezioni.

A Gustavo Zagrebelsky per il lapis rosso e blu.

## *Indice dei nomi*

# Indice generale

Fotocomposizione Editype S.r.l.
Agrate Brianza (MB)

Finito di stampare
nel mese di maggio 2015
per conto della Longanesi & C.
dal Nuovo Istituto Italiano d'Arti Grafiche – Bergamo
Printed in Italy